órgão editorial
ASSOCIAÇÃO MÉDICO-ESPÍRITA DE MINAS GERAIS

CATANDUVA, SP | 2023

ANDREI MOREIRA

CURA e AUTOCURA

UMA VISÃO MÉDICO-ESPÍRITA

Dedico este livro a meus pais, Geraldo Dácio e Maria Madalena, aos quais sou eternamente grato pela bênção da vida e pelos inúmeros exemplos de ética cristã e ensinos práticos do evangelho de Jesus, bem como por seu amor incondicional, que marcaram minha existência.

Dedico também aos pacientes, meus mestres no dia a dia, que têm me ensinado o verdadeiro sentido da medicina com Jesus.

Se os médicos fracassam na maior parte das doenças, é porque tratam do corpo sem a alma e porque, se o todo não se encontra em bom estado, é impossível que a parte esteja bem.
— Sócrates (Platão)

Sumário

Ag   Agradecimentos   12

P   Prefácio   14

Ap   Apresentação   20

1   Saúde na visão da ciência   24
       Prática de saúde atual   25

2   Reencarnação – lei natural ou divina   30

3   Saúde e doença na visão médico-espírita   36
       Saúde: harmonia da alma   43
       Estágios de saúde   45

4   Perispírito – modelo organizador biológico   48
       Duplo etérico   50
       Corpo astral   51
       Órgãos e fisiologia do corpo astral   56
       Chacras ou centros de força   65
       Corpo mental   75

5   A ação do pensamento na saúde e na doença   78
       Ação do pensamento no controle celular   80
       Pensamento e criações mentais   85
       Correntes mentais   88
       Parasitas astrais   91
       Criações mentais superiores e saúde   94

6   A cura segundo Jesus   98
       O cego de Jericó (Mc 10:46-52)   99
       O paralítico da piscina de Betesda (Jo 5:1-15)   102
       Os dez leprosos (Lc 17:11-19)   106
       O endemoniado gadareno (Mt 8:28-34)   109
       A cura da mão mirrada (Lc 6:6-11)   113
       Cura integral   114

7   Educação para a saúde   116

8   O médico ou o terapeuta como curador   124
       O amor como instrumento terapêutico   129
       A cura do terapeuta   132
       Técnicas terapêuticas úteis na prática clínica   135
       A medicina como sacerdócio   137
       Anamnese espiritual   140
       O terapeuta ideal   144

9	A caridade como força curativa da alma	146
10	Perdão – caminho para a cura integral	156
	Decisão, atitude, processo 159	
	Desilusão 162	
	Emoções e perdão 166	
	Aprendendo a lidar com a raiva 167	
	Subpersonalidades 175	
	Trauma e perdão 176	
	Autoperdão 178	
	Como perdoar? 180	
	Perdão – profilaxia da obsessão 188	
11	Fé – sintonia com a vontade divina	192
	A fé e as obras 198	
12	Autoamor e holoamor – síntese da cura	202
	Autoconhecimento 203	
	Egoísmo, vaidade e orgulho 203	
	O desenvolvimento da autoestima na prática de Jesus 207	
	A cura interior de Pedro 209	
13	Terapêutica médico-espírita	214
	Oração 216	
	Passe magnético, humano-espiritual 220	
	Água fluidificada 226	
	Terapia desobsessiva 228	
	Evangelhoterapia 232	
	Reunião do evangelho no lar 234	
14	Relato de caso	236
15	Conclusão	248
An1	Anexo 1: Modelo de atendimento dos grupos terapêuticos da AMEMG	254
	Higiene mental 257	
An2	Anexo 2: Grupo Atitude – um trabalho de higiene mental no SUS	262
	Exemplo de caso atendido no grupo 267	
	O ponto de vista da paciente 269	
B	Bibliografia	276

Agradecimentos

> "A gratidão é a memória do coração.
> — Antístenes

Quero agradecer profundamente aos amigos que contribuíram com sua análise e revisão deste livro, auxiliando na melhoria da escrita e do conteúdo. São pessoas muito queridas e que sempre foram grandes parceiras no trabalho na AMEMG: Roberto Lúcio Vieira de Souza, Grazielle Serpa, Olinta Fraga e Jaider Rodrigues de Paulo.

Agradeço aos corações que amo profundamente e que têm sido sustentáculo em minha existência, grandes incentivadores da tarefa espiritual e de meu desenvolvimento pessoal: meus pais, Geraldo e Madalena, Nei Nicolato, Rejane Bicalho, Laura Martins e Letícia Talarico.

Enfim, meu amor a Deus e a Jesus; e aos inúmeros prepostos do Mestre, anônimos ou não, que têm nos amado em Seu nome, dando-nos a oportunidade de aprimoramento no trabalho do bem, confiando em todos nós e tendo infinita paciência com nossa condição espiritual ainda limitada, incentivando-nos o desenvolvimento das virtudes, a despeito da nossa imensa sombra, assim como o fez nosso Mestre. ∎

Prefácio

Retornando de uma viagem de atividades doutrinárias e de refazimento no Velho Continente, fui surpreendido com uma tarefa e um convite por parte do atual presidente da Associação Médico-Espírita de Minas Gerais (AMEMG), nosso querido Andrei Moreira.

O serviço era avaliar e revisar do ponto de vista médico e espírita o conteúdo deste opúsculo; o convite, prefaciá-lo. Fiquei sinceramente emocionado e feliz com a oportunidade.

Andrei, o autor das páginas a seguir, vem surpreendendo-me cada vez mais. Fomos pouco a pouco nos conhecendo. Em nosso primeiro contato, em 2001, convidado a participar da "Segunda Semana Universitária Espírita de Minas Gerais", coordenada pelos acadêmicos da Universidade Federal de Minas Gerais, pude conhecê-lo estudante e um entusiasta do trabalho, sendo ele o idealizador do evento. Um jovem ativo e dedicado ao estudo do ideal médico-espírita e um trabalhador responsável, direcionando a sua energia para levar os paradigmas da ciência e da espiritualidade aos meios acadêmicos e ortodoxos da renomada UFMG e sua Faculdade de Medicina.

Paulatinamente, os laços foram estreitando-se e, ao formar-se, associou-se efetivamente aos trabalhos da AMEMG, assumindo progressivamente o seu papel de tarefeiro e divulgador do ideal médico-espírita.

No campo pessoal, a amizade foi crescendo e, como ele mesmo brinca, foi sendo adotado afetivamente por mim e por minha companheira, tornando-se hoje verdadeiramente um filho dos nossos corações. Um filho alegre, hiperativo, afetuoso e também algo rebelde – como bem sabe ser qualquer filho! –, e mais do que isso: um grande amigo e parceiro.

Assumindo a direção da AMEMG, deu-lhe um novo visual, sem abandonar os reais propósitos de seus fundadores, e vem impulsionando o grupo para caminhos e trabalhos, onde o que cuida e o que é cuidado precisam da mesma atenção e interesse.

P

Tudo isso culminou, no momento atual, na realização deste livro e na busca de efetivar um dos seus sonhos, que é o de criar a editora da própria associação, no cumprimento de um dos objetivos primordiais para o qual a AMEMG tornou-se uma realidade naquele dia 18 de abril de 1986.

Cura e autocura é fruto de seus estudos e reflexões sobre medicina e espiritismo que se materializaram, até então, em forma de palestras. Falam do tema mais desejado pelos que perambulam nos campos da lida com a saúde, que é a cura em sua mais profunda expressão, o qual exigirá ainda muito tempo para ser realmente compreendido pela grande massa.

O livro não se propõe a apresentar uma única abordagem do tema, nem se fechar, recusando-se ao diálogo do aprendizado. Ao contrário, como diz o seu subtítulo, é "uma visão médico-espírita"; e eu digo mais: é a leitura do estudioso e entusiasmado profissional que busca em sua juventude e vigor, de maneira muito marcante no evangelho de Jesus e nas verdades reunidas na codificação kardequiana, um caminho para o exercício da medicina humanizada e cristianizada.

Entretanto, ele não se ateve a alguns pontos de visão, procurou em outros autores, até mesmo fora da literatura espírita, recursos para embasar suas afirmativas e estimular uma prática real da medicina espiritualizada. Ele tem sabido aproveitar o ensinamento do apóstolo Paulo, que nos convida: "Examinai tudo e retende o que é bom" (1Ts 5:21); e também os conselhos de Kardec (como ele mesmo cita na apresentação) de se estudar até as obras que combatem o espiritismo. Essas recomendações estão muitas vezes distantes das práticas religiosas, apegadas aos seus modos de apreender a verdade maior.

Não é um tratado puramente acadêmico, com inúmeras referências em trabalhos de renomados pesquisadores. Entretanto, traz de maneira simples passos que podem ser dados para a construção dessa medicina do futuro, a medicina do paradigma espiritual. E pode ser bem aproveitado por quaisquer profissionais da área da saúde, que desejem refletir sobre suas práticas. É um texto leve que em sua apresentação reflexiva torna-se uma oportunidade de pensar, questionar e servir, verbos presentes no lema da AMEMG, ditados pelos Espíritos amigos, quando de sua fundação.

O livro não busca atender apenas aos profissionais de saúde. Por sua linguagem, ele será certamente um grande auxiliar para o público leigo interessado no assunto e na conquista de sua própria saúde.

Especialmente, fiquei verdadeiramente encantado com o capítulo sobre as curas de Jesus. Mexeram profundamente com o terapeuta e o paciente que moram na minha pessoa e que anseiam por vencer as dualidades e contradições que carrego, na sede de alcançar a minha cura. Sua abordagem filosófica, embasada na lei maior do amor, sai do campo árido da ciência atual, cuja busca está limitada nas causas das doenças na matéria; e leva-nos para o caminho da ciência maior, que demonstra que o adoecimento é o resultado da não vivência da lei divina, e que o roteiro para a saúde passa necessária e especialmente pelo amar a Deus, a si mesmo e ao próximo.

Repito, uma vez mais, a minha alegria em poder prefaciar este livro, sabendo que nem sempre me faço merecedor do carinho que recebo do seu autor. Minha alma paternal orgulha-se em ver o esforço do filho espiritual, que buscou transmitir o que tem aprendido, sem o objetivo de ser dono da verdade, mas procurando ofertar-nos um ponto, um ângulo para nossas próprias reflexões. Certamente, em momentos futuros, a abordagem feita aqui será ampliada por ele ou por qualquer outro com a disposição de desvendar os caminhos, no sentido prático, da vivência do amor e da conquista da tão desejada cura ou felicidade.

Espero que os leitores possam sentir, ao ler estas páginas, o incômodo e o desconforto do doente da alma – que somos todos nós – e a ânsia de caminhar em direção à saúde real, entendendo que o verdadeiro terapeuta de nossa vida somos nós mesmos.

Andrei, que você possa se alegrar intimamente pela busca de servir ao ideal médico-espírita, do qual vem fazendo-se um entusiasmado interlocutor, recebendo do alto as bênçãos pelo seu esforço e serviço.

Belo Horizonte, junho de 2010

ROBERTO LÚCIO VIEIRA DE SOUZA
Médico psiquiatra formado pela Universidade Federal de Minas Gerais
Fundador e Conselheiro da Associação Médico-Espírita de Minas Gerais
Vice-Presidente da Associação Médico-Espírita do Brasil
Diretor-Clínico do Hospital Espírita André Luiz – Belo Horizonte ∎

Cura e autocura é fruto de estudos e reflexões sobre medicina e espiritismo. Fala do tema mais desejado pelos que perambulam nos campos da lida com a saúde, que é a cura em sua mais profunda expressão.

Apresentação

" A ciência incha, mas o amor edifica.
— Paulo (1Cor 8:1)

Esta obra me foi inspirada ao retornar de um ciclo de palestras na Europa, onde pude apresentar, na forma de conferências, muitos dos temas que compõem os capítulos deste livro. Ao chegar, ainda envolvido pelo carinho dos bravos trabalhadores espíritas de além-mar, os quais sustentam com idealismo a divulgação e a prática da doutrina espírita nos países do Velho Mundo, recebi uma orientação espiritual que dizia para reunir e publicar os estudos, guiados por um fio condutor comum, que apresentasse de forma simples o pensamento médico-espírita, a serviço da educação do espírito imortal.

Esta publicação inaugura a atividade editorial da Associação Médico-Espírita de Minas Gerais, por sua recém-criada AME Editora, objetivando angariar recursos para as atividades assistenciais médico-espíritas junto à comunidade carente de Belo Horizonte.

Cura e autocura fala da grandeza do homem como filho de Deus, em sua busca de encontro consigo mesmo e com o Pai, em si e em torno de si.

Os capítulos podem ser lidos separadamente ou integrados no aprofundamento da ideia central trabalhada: a saúde como real conexão criatura-criador.

O homem caminha a passos lentos, porém seguros, no retorno à casa divina – o próprio coração –, representado na parábola do filho pródigo que busca o lar paterno após gastar toda sua herança, decidindo retornar para suas origens e então encontrando o pai de braços abertos a lhe esperar, na alegria do reencontro.

Saúde e doença atestam estágios de aprendizado nesse processo, que refletem o grau de consciência do espírito imortal e seu nível de integração ao amor, síntese das leis divinas.

Espero que este esforço singelo auxilie os corações desejosos de maior compreensão de seus processos de vida, bem como de entendimento das leis de Deus, no equacionamento dos desafios apresentados pela vida no caminho de crescimento e amadurecimento espiritual.

O livro, escrito de forma simples, objetiva alcançar tanto os profissionais da área da saúde quanto os que não possuem conhecimentos científicos, e que desejam compreender-se à luz da imortalidade da alma.

A ciência, filosofia e religião espírita, na palavra de Allan Kardec, André Luiz, Bezerra de Menezes e Joseph Gleber, foi a referência maior, combinada a inúmeras fontes não provenientes do movimento espírita, portadoras de ricos ensinos para a conquista e abordagem da saúde integral.

Foi seguida a recomendação expressa por Allan Kardec no opúsculo *Catálogo racional das obras para se fundar uma biblioteca espírita*, última publicação do insigne Codificador, em maio de 1869, onde ele sugere os livros que devem nortear nossos estudos e pesquisas, que englobariam:

1. obras fundamentais da doutrina espírita;
2. obras diversas sobre o espiritismo (ou complementares da doutrina);
3. obras realizadas fora do espiritismo, incluindo obras contra o espiritismo.

Dessa forma, são citadas nesta obra variadas fontes que nos apresentam a opinião abalizada de terapeutas de variadas escolas científicas ou filosóficas, que confirmam o pensamento médico-espírita ou são complementares a ele, sem fugir à fidelidade aos postulados da doutrina espírita.

Aos que padecem o desafio das doenças de qualquer natureza e aos que buscam a conquista da saúde, ansiando a responsabilização pessoal perante a vida, bem como àqueles que trabalham curando a si mesmos por meio do auxílio a outros nesse caminho terapêutico de autoencontro e desenvolvimento pessoal, é que esta obra singela destina-se.

Ao iniciar a leitura, movido pela busca sincera de seu coração, desejo-lhe que encontre nas entrelinhas e no silêncio da introspecção, propiciada pelas reflexões aqui expostas, a voz de Deus a lhe dizer, calma e ternamente, na intimidade da consciência e do sentimento:

Vem, ausculta teu coração, perscruta as leis do universo, conhece-te a ti mesmo e supera-te a cada dia. Entra na posse da alegria e do prazer de viver, enquanto ama, no limite das tuas forças, curando o corpo e a alma no caminho de retorno à plenitude no amor... ∎

Vem, ausculta teu coração, perscruta as leis do universo, conhece-te a ti mesmo e supera-te a cada dia. Entra na posse da alegria e do prazer de viver, enquanto ama, no limite das tuas forças, curando o corpo e a alma no caminho de retorno à plenitude no amor...

Saúde
na visão da ciência

> "Mais do que um biólogo, mais do que um naturalista, o médico deveria ser, fundamentalmente, um humanista. Um sábio que, na formulação do seu diagnóstico, leva em conta não apenas os dados biológicos, mas também os ambientais, culturais, sociológicos, familiares, psicológicos e espirituais...
> — Dante Marcello Claramonte Gallian
> [Diretor do Centro de História e Ciências da Saúde da Unifesp. In *A (re)humanização da medicina*.]

A saúde, na definição científica da Organização Mundial da Saúde (OMS), é vista como um "estado de completo bem-estar físico, psíquico e social e não meramente a ausência de doença ou enfermidade."[1]

Essa definição, ainda que bastante ousada e vanguardista, formulada em 1946, representa o ideal perseguido, mas não alcançado até o momento. Isto porque, diante dos inúmeros desafios na vida, raros são aqueles que conseguem manter ou conquistar o equilíbrio em todas as áreas, quanto mais o completo bem-estar, como propõe a OMS.

Tal situação é muito natural, visto que o progresso, sendo inexorável, coloca o homem sempre diante de seus limites com o objetivo de promover a expansão da consciência de si mesmo e despertar o potencial cocriativo do filho de Deus, que todos somos. Quando o homem vence uma etapa, resolve um problema, dá passaporte à vida para que lhe apresente um novo desafio, uma nova etapa de aprendizado, à semelhança dos estudantes de qualquer nível que ao passarem de ano capacitam-se a estudos mais aprofundados e testes mais complexos.

Prática de saúde atual

Vive-se uma era de transição, em que a herança do materialismo, na visão mecânica do mundo, permite um aprofundamento no conhecimento das coisas, porém deixa a quase todos órfãos de sabedoria, de sentido e significados profundos, filosóficos, existenciais.

A prática de saúde atual, a despeito de todos os avanços científicos, apresenta-se fragmentada e focada na superespecialização e no tecnicismo. Além disso, muitas vezes falha em apresentar ou

---

1. Preâmbulo da *Constituição da Organização Mundial da Saúde*, 1948.

fornecer ao indivíduo recursos de autoconhecimento, instrução e autoamor que o capacite a sedimentar a busca pela saúde de forma eficaz e permanente.

A grande maioria dos doentes da humanidade desejam anestesia e não consciência. Muito justo que se aliviem sintomas, evitando sofrimento desnecessário e improdutivo, mas o processo educacional que liberta o indivíduo da ignorância e da dependência é fundamental no processo de reconstrução da saúde ou na profilaxia das enfermidades do corpo e da alma.

A insatisfação com o atendimento na área de saúde é generalizada e ouve-se frequentemente as pessoas queixarem-se de não serem ouvidas nem mesmo examinadas, ou terem suas queixas e falas desvalorizadas pelo profissional de saúde.

"Questões emocionais são tratadas com o psicólogo ou com o psiquiatra." "Sua dor na perna nada tem a ver com seu problema emocional." "Suas dores que andam no corpo não fazem sentido, não são nada, são imaginação sua." "Sua fé, opinião ou interpretação religiosa não importam para sua saúde; delas cuidem o padre, o pastor ou o capelão." Dentre muitas outras, são falas frequentes em consultórios médicos de todo o mundo.

O ser humano, que deveria ser encarado como um ser biopsicossocial, conforme preconiza a OMS, é reduzido a uma patologia, sigla ou estado emocional, perdendo-se a noção da integralidade. Frustram-se muitos planos terapêuticos pela não adesão do doente, por relações médico-paciente deficientes e superficiais, pela não valorização do subjetivo, pela má comunicação, dentre outros motivos.

A grande maioria dos médicos e demais profissionais de saúde vêm de uma formação profissional centrada na doença e não na pessoa. Não aprendemos a ver o ser humano como corpo, mente e espírito. Some-se a isso os inúmeros entraves a uma prática profissional digna, sobretudo no sistema de saúde pública, e assim os problemas surgem. Má remuneração, sobrecarga de demanda, condições de trabalho insalubres favorecem a abordagem da parte em detrimento do todo, da valorização do patológico ao invés da saúde, da anestesia rápida sem o processo educacional que promova a cura.

A ciência é pródiga em recursos de educação para a saúde e preconiza a educação do paciente como parte essencial no processo de cura. No entanto, ainda que haja serviços exemplares que dignificam a profissão médica, boa parte dos profissionais permanece atuando para paliar sintomas em vez de incentivar a cura.

Diz-nos o médico espiritual Bezerra de Menezes:

> A medicina moderna, ainda eivada de enganos do materialismo, necessita da urgente e decisiva orientação de novos conhecimentos para que não se perpetue somente na produção de confortos orgânicos, uma vez que não sabe ainda se basear nos postulados do espírito imortal para edificar a verdadeira saúde.
>
> Embora ela se esforce no louvável afã de sofrear o padecimento humano, temos de admitir que todos os recursos que não atingem a sua verdadeira origem espiritual são transitórios. Acreditando que a vida é produto aleatório da matéria e ignorando que a existência se presta a finalidades divinas, a medicina de nossos dias ainda não é capaz de alcançar a verdadeira natureza dos males humanos. Operando erroneamente no campo dos efeitos e não das causas, termina por sofrear um impulso que retorna sempre ao seu sítio de atuação, muitas vezes agravado, se não é adequadamente conduzido ao caminho da própria cura.[2]

---

2. Gilson Freire, *Rumo à ciência do espírito*, p. 2.

A ciência, filosofia e religião espírita, fornecendo ao homem o entendimento de sua real natureza como espírito imortal, faculta-lhe elementos essenciais de instrução e vivência para a cura interior, ampliando sobremaneira o leque terapêutico por promover a expansão da consciência no equacionamento dos dramas humanos, sobretudo na área da saúde. ■

A ciência, filosofia e religião espírita, fornecendo ao homem o entendimento de sua real natureza como espírito imortal, faculta-lhe elementos essenciais de instrução e vivência para a cura interior.

Reencarnação
lei natural ou divina

> "Na verdade, na verdade te digo que aquele que não nascer de novo, não pode ver o reino de Deus.
> — Jesus (Jo 3:3)

Na visão espírita, o ser humano é entendido sob o prisma da imortalidade da alma e as experiências de vida como construções pessoais, intransferíveis.

Segundo nos informa *O livro dos Espíritos*, o homem é criado simples e ignorante e caminha em direção à angelitude. Inicialmente a mônada, princípio espiritual totipotente, embrionário, que guarda em si a potencialidade do anjo como a semente pequenina traz em seu bojo a árvore frondosa e madura. Tutelado por Deus, por meio de seus inúmeros prepostos, os Espíritos do Senhor ou "o espírito santo de Deus", o princípio espiritual estagia no diversos reinos da natureza, despertando a sua condição divina, bem como desenvolvendo os aparatos fisiológicos necessários à sua expressão hominal, onde terá condição de conjugar razão e sentimento, sabedoria e amor na evolução rumo a Deus. Assevera-nos Léon Denis, eminente filósofo espírita: "O psiquismo dorme no mineral, sonha no vegetal, sente no animal, pensa no homem."[3]

André Luiz complementa orientando-nos que:

> Não apenas tecidos e órgãos do corpo físico se esboçam nas formas rudimentares da Natureza, mas também os centros vitais do corpo espiritual, que, obedecendo aos impulsos da mente, se organizam em moldes seguros, com a capacidade de assimilar as partículas multifárias da vitalidade cósmica, oriundas das fontes vivas de força que alimentam o Universo.[4]

---

3. Léon Denis, *O problema do ser, do destino e da dor*.
4. Francisco Cândido Xavier, Waldo Vieira e Espírito André Luiz, *Evolução em dois mundos*, cap. 8.

Deus tutela o desenvolvimento da mônada espiritual, futuro espírito, qual o pai tutela o filho que não tem consciência de si e que só pouco a pouco vai recebendo da vida a permissão para exercer o direito de escolha e determinação, conforme seja considerado capaz de raciocínio, elaboração e conhecimento de seus deveres e direitos no mundo.

Após milênios de evolução, o princípio espiritual acorda no reino hominal, pela ação direta dos missionários do Senhor, que promovem a transição espiritual por mecanismos ainda desconhecidos por nós, despertando o raciocínio contínuo, a individualização do princípio espiritual e a consciência de si, processo esse que se passa em mundos paralelos à Terra, mundos de transição.

Esse ser humano primitivo, recém-saído da vivência plena do instinto, inteligência rudimentar e instrumento da lei de conservação, caminhará agora rumo ao desenvolvimento pleno de suas potencialidades, em milênios de evolução, na qual experimentará e escolherá de acordo com as diretrizes traçadas por Deus para sua vida, mas sobretudo de acordo com seu livre-arbítrio. Durante todo esse processo, o ser estará mergulhado no amor de Deus, como asseverou Paulo: "Em Deus vivemos, existimos e nos movemos". (At 17:28)

O fenômeno das vidas sucessivas, ou reencarnação, está na base da evolução e se configura como processo educativo natural para todos os seres da criação. Todos os Espíritos se reencarnam de forma natural, embora o uso do livre-arbítrio e o aproveitamento do tempo e das oportunidades varie de um para outro no caminho do progresso, conforme nos ensina *O livro dos Espíritos*:

> 168. É limitado o número das existências corporais, ou o Espírito reencarna perpetuamente?

— A cada nova existência, o Espírito dá um passo para diante na senda do progresso. Desde que se ache limpo de todas as impurezas, não tem mais necessidade das provas da vida corporal.

169. É invariável o número das encarnações para todos os Espíritos?
— Não; aquele que caminha depressa, a muitas provas se forra. Todavia, as encarnações sucessivas são sempre muito numerosas, porquanto o progresso é quase infinito.

A liberdade dada por Deus é gradativa, aumenta à medida que o Espírito se mostra capaz de exercê-la, mas traz sempre com ela a responsabilidade pela escolha. Diz o ditado popular: "o plantio é livre, mas a colheita é obrigatória". As leis divinas, perfeitas, sábias e imutáveis, tudo regulam de forma natural e automática, promovendo o progresso e o equilíbrio da criação.

Essa liberdade é relativa pois, na verdade, a criatura, que espelha em si o Criador, visto que foi criada com o potencial divino em si, só é livre para o amor. O amor é o instrumento e a síntese da evolução.

Sempre que o ser humano transgrida a lei do amor, em si ou em torno de si, faltando com o respeito, a consideração e o valor que deve demonstrar por si mesmo e pelo próximo, por toda criatura e toda a criação divina, acionará mecanismos automáticos de reequilíbrio no universo.

O livro dos Espíritos esclarece-nos que "a lei de Deus está inscrita na consciência do homem".[5] Ela, pois, opera em nós e em torno de nós. Deus é imanente e transcendente, afirma o orientador espiritual Alex Zarthú, o Indiano.[6]

---

5. Allan Kardec, *O livro dos Espíritos*, questão 621.
6. Comentários do orientador espiritual – Robson Pinheiro e Espírito Alex Zarthú, *Superando os desafios íntimos*.

Saúde e doença, nessa visão, são atestados do nível de identificação do ser com a lei divina. Manifestam sua sintonia ou distonia em relação à lei. ■

Sempre que o ser humano transgrida a lei do amor, acionará mecanismos automáticos de reequilíbrio no universo. Saúde e doença são atestados do nível de identificação do ser com a lei divina. Manifestam sua sintonia ou distonia em relação à lei.

Saúde e doença na visão médico-espírita

" Como o homem é a imagem de Deus, encontra-o, como num espelho, na intimidade de sua alma; afastar-se de Deus é como extrair as próprias entranhas, esvaziar-se e ser cada vez menos; quando o homem, em troca, entra em si mesmo, descobre a Divindade.
— Santo Agostinho
[Apud Julián Marias, *História da filosofia*, p. 127.]

Joseph Gleber, no livro *O homem sadio*, propõe um amplo conceito de saúde, que tem orientado os estudos na Associação Médico-Espírita de Minas Gerais, remetendo a reflexão à relação do ser com o Pai, com a fonte de sabedoria e supremo amor: "Saúde é a real conexão criatura-criador e a doença o contrário momentâneo de tal fato".[7]

O apóstolo João informa que "aquele que não ama não conhece a Deus, porque Deus é amor." (1Jo 4:8)

Para o estabelecimento da saúde legítima, importa conhecer a Deus. A lei divina que há em cada ser humano promove o retorno do ser aos braços do Pai, à consciência de que se é um ser divino e que ferir a lei de amor ou desconsiderá-la não é uma possibilidade real no exercício do livre-arbítrio da criatura.

A doença, nessa visão, pode ser entendida como um convite do corpo, da sabedoria inata que há em cada um, manifestando o apelo ao reequilíbrio do ser perante a consciência ou a lei de Deus, bem como diante do seu próximo e do universo, com suas leis naturais. Não se trata de punição ou castigo divino.

A maior parte da humanidade traz no subconsciente a visão do Deus judaico-cristão ocidental, antropomórfico, cheio de emoções, pronto a punir e recompensar as criaturas de acordo com aquilo que façam ou deixem de fazer. Coexistem no inconsciente coletivo ou no psiquismo profundo as imagens do Jeová Jiré dos exércitos e do Deus misericordioso apresentado por Jesus. O temor do pecado assola a maioria das criaturas, e a consciência do amor infinito de Deus ainda é patrimônio de poucos, os quais desenvolveram a sua fé nas vivências de profunda espiritualidade.

A doença é vista por boa parte dos cristãos como punição pelos equívocos, e a própria visão da lei de ação e reação, dita carma pelos leigos, apresenta-se como um movimento de pagamento pelos erros do passado.

---

7. Roberto Lúcio e Alcione Albuquerque, *O homem sadio*, p. 44.

Essa visão, que atesta parte da verdade, mas não a verdade integral, vem da visão apresentada no *Antigo testamento* de um deus que ira e se vinga com frequência, marcando aqueles que agem contrariamente à sua vontade. O arquétipo da justiça é tomado como a manifestação do todo, e a doença parece ser fruto da angústia de um deus humanizado, cheio de emoções. Encontramos no *Antigo testamento* relatos que fortalecem essa visão:

> Mas se não obedeceres à voz do Senhor, teu Deus, se não praticares cuidadosamente todos os seus mandamentos (...) O Senhor te ferirá de fraqueza, febre e inflamação (...) (Dt 28:15, 22)

> E disse: "Se ouvires atento a voz do Senhor teu Deus, e fizeres o que é reto diante de seus olhos, e inclinares os teus ouvidos aos seus mandamentos, e guardares todos os seus estatutos, nenhuma das enfermidades porei sobre ti, que pus sobre o Egito; porque eu sou o Senhor que te cura." (Ex 15:26)

O espiritismo apresenta um deus sábio, perfeito, que a tudo rege com equilíbrio sem se afetar pela manifestação do ser humano, inacessível às suas agressões, senão em sua representação nele mesmo, em sua divindade interior, herança divina não revelada ou manifesta. Um deus que não apresenta caracteres humanos e que, portanto, não, se ressente ou pune as criaturas, mas as educa por meio de leis perfeitas e imutáveis, como um jardineiro dedicado cultiva a semente que desabrocha para que venha a ser o que deve ser. Caso a criatura se desvie de seu curso, negando sua natureza divina, as leis trazem-na de retorno ao equilíbrio, por meio do amor ou da dor, quando o primeiro não consiga cumprir seu papel educativo, por falta de abertura do indivíduo à situação:

> Se a planta do vosso jardim vem mal, se se desvia, ireis encolerizar-vos e vos vingar dela? Não; endireitá-la-eis, se puderdes, dar-lhe-eis um apoio, forçareis, por entraves, as suas tendências, se necessário a transplantareis, mas não vos vingais. Assim faz Deus.[8]

A doença, como movimento natural de distonia, atestando um "castigo" divino, como é entendida por alguns, objetiva o retorno ao equilíbrio, à sintonia com a lei. Encontramos sábia explicação em *O livro dos Espíritos*, quando os Espíritos comentam a teoria das penas eternas e a possibilidade do "castigo" divino perante as faltas humanas:

> Quem é, com efeito, o culpado? É aquele que, por um desvio, por um falso movimento da alma, se afasta do objetivo da criação, que consiste no culto harmonioso do belo, do bem, idealizados pelo arquétipo humano, pelo Homem-Deus, por Jesus Cristo.
>
> Que é o castigo? A consequência natural, derivada desse falso movimento; uma certa soma de dores necessária a desgostá-lo da sua deformidade, pela experimentação do sofrimento. O castigo é o aguilhão que estimula a alma, pela amargura, a se dobrar sobre si mesma e a buscar o porto de salvação. O castigo só tem por fim a reabilitação, a redenção.[9]

A reencarnação é lei biológica natural, instrumento da evolução, onde o ser experimenta o contato com a diversidade e desenvolve aptidões necessárias ao progresso. Ela devolve ao homem o fruto de suas escolhas, em mecanismos naturais de reencontros,

---

8. Espírito Blaise Pascal – Allan Kardec, *Revista Espírita*, maio de 1865, p. 102.
9. Espírito Paulo, o Apóstolo – Allan Kardec, *O livro dos Espíritos*, questão 1009.

saúde ou doença. É um mecanismo natural, interno, que promove o equilíbrio, mas, sobretudo, o despertar da consciência de cada um e o desenvolvimento das noções de responsabilidade perante a vida e o próximo.

Diz o Espírito Lourenço Prado pela psicofonia de Chico Xavier:

> Saúde é o pensamento em harmonia com a lei de Deus. Doença é o processo de retificá-lo, corrigindo erros e abusos perpetrados por nós mesmos, ontem ou hoje, diante dela.[10]

Joseph Gleber, em *O homem sadio*, esclarece que "a doença não é a perda da compreensão da 'verdade', é a rebeldia de não querer vivê-la ou de querer ignorá-la."[11]

A doença só se expressa quando há reiteração no erro ou quando a gravidade dos efeitos gera ativação imediata dos mecanismos de reequilíbrio do universo, em si ou em torno de si. A lei de justiça é equilibrada pela de misericórdia. Se qualquer mínimo erro colocasse o homem em desarmonia profunda com as leis biológicas e divinas, não haveria ninguém saudável no planeta. Assim como há mecanismos fisiológicos de adaptação ao ambiente e às agressões físico-químicas, também os há no psiquismo e no corpo energético, regulando o despertar gradual para a vida superior.

A doença pode ser entendida como uma mensagem da alma, do *self* do indivíduo, sua porção sábia e superior que rege a vida. Diz Groddeck, pai da medicina psicossomática, em profunda sintonia com o pensamento espírita:

---

10. Espírito Lourenço Prado – Francisco Cândido Xavier, *Instruções psicofônicas*, p. 96.
11. Roberto Lúcio e Alcione Albuquerque, *O homem sadio*, p. 44.

A doença não é uma invasora que, vinda de fora, penetra o corpo à força. A verdade é o contrário. Ela é uma filha do corpo, uma mensagem gerada em suas funduras, e que aflora à superfície da carne, da mesma forma como bolhas produzidas nas funduras das lagoas afloram e estouram na superfície das águas. A doença tem uma função iniciática: por meio dela se pode chegar a um maior conhecimento de nós mesmos.[12]

Diante dessa realidade, torna-se necessário, para o evento da cura, proceder à leitura da mensagem do corpo, dos chamados da alma, questionando-se a respeito dos porquês das circunstâncias, mas, sobretudo, dos para quês delas. O porquê nos dá compreensão, entendimento e pode pacificar a alma na aceitação resignada dos acontecimentos da vida, e isso é muito sadio. Aprender a se submeter aos desígnios da lei, com resignação ativa que tudo faz para transformar o que não deseja ou o que insatisfaz, sem a rebeldia, filha do orgulho e matriz do adoecimento físico e psíquico, é postura ativa promotora de saúde.

No entanto, o porquê pode levar também ao estacionamento do ser, quando este se conforma em encontrar a causa de seus sofrimentos, nas motivações do passado ou da presente encarnação, sem o desenvolvimento de recursos sadios que promovam o progresso. Já o para quê dá-nos a perspectiva evolucionista, progressista. Coloca-nos diante dos objetivos fundamentais do adoecimento, do plano causal, ofertando ao ser recursos de autoconhecimento e libertação do sofrimento na reconquista da saúde. Oferta-nos a consciência do processo educacional que é a reencarnação e seus objetivos sublimes no desenvolvimento das virtudes da alma, a fim de que esta se identifique com o criador. "Sede perfeitos como perfeito é o vosso pai celestial", asseverou Jesus (Mt 5:48).

---

12. Apud Rubem Alves, *Sobre o tempo e a eternaidade*, p. 80.

No livro *O médico*, Rubem Alves oferece a partilha de Nietzsche sobre seu processo de adoecimento:

> (...) é assim que, agora, aquele longo período de doença me aparece: sinto como se, nele, eu tivesse descoberto de novo a vida, descobrindo a mim mesmo, inclusive. Provei todas as coisas boas, mesmo as pequenas, de uma forma como os outros não as provam com facilidade. E transformei, então, minha vontade de saúde e de viver em uma filosofia.[13]

Bernardo Dania Guiné, portador do vírus HIV, autor do livro *Ops! aprendendo a viver, com aids*, oferta um testemunho do seu aprendizado e amadurecimento espiritual na vivência da infecção pelo HIV e também da imunodeficiência (aids), estabelecida pouco tempo após a constatação da infecção, quando questionado sobre os porquês e para quês da doença para si:

> (...) Espiritualmente: uma doença que eu convidei, algo que criei. Diante desta perspectiva, algo que eu precisava e que graças a Deus eu soube utilizar em meu benefício. Uma oportunidade que surgiu cedo para eu repensar valores, metas, rumos. Sendo algo que criei, algo que posso controlar hoje. Tem funcionado. (...) Resultado de falta de cuidado comigo mesmo. Um descuido que chega a caracterizar uma busca pela doença, um suicídio que não requeria coragem para disparar uma arma. Hoje, algo controlado menos por remédios, mais por estabilidade, tranquilidade, bons hábitos alimentares e pouco estresse.
>
> (...) amor-próprio é o cerne do significado da doença para mim. Infectei-me para poder aprender a me amar, me dar a atenção que mereço e preciso. Passei a me admirar, mais do que simplesmente cuidar da aparência para ser atraente e conquistar atenção. Modo geral, tornei-me menos atraente (plástica) e mais atraente (como

---

13. Rubem Alves, *O médico*, p. 42.

pessoa). Cuido menos da aparência, e talvez até por isso hoje me considere mais 'bonito'. Me aceito. Resume bem: hoje me aceito.[14]

Percebe-se com esse relato que a doença, o chamado da alma, a mensagem das funduras, pode ser interpretada como uma iniciação do ser na relação mais aprofundada consigo mesmo e com Deus.

Certamente há doenças que representam movimentos de autopunição e absoluta falta de cuidado do indivíduo, absolutamente evitáveis e que não encontraremos as causas na profundeza do organismo espiritual do indivíduo ou nas circunstâncias do passado. Entretanto, suas escolhas presentes, atestando a falta de autopreservação, como na falta de higiene, de exercícios físicos, de limites nos hábitos e nos prazeres, atesta a desconexão com o autoamor e o autorrespeito, que, em um nível mais profundo atestam a desconexão com Deus. As doenças podem representar, portanto, um sintoma de uma ausência, de uma falta temporária da presença ou da manifestação do divino em si.

Saúde: harmonia da alma

Em visão complementar às apresentadas acima, no entendimento da saúde na visão espírita, Emmanuel afirma, que "saúde é a perfeita harmonia da alma",[15] dando a orientação precisa para compreender que o foco de atenção é o espírito imortal, viajante da eternidade, construtor de seu destino e mantenedor dos estados íntimos que constituem a saúde e a doença.

Segre e Ferraz, em trabalho científico, propõem, em concordância com a definição de Emmanuel e discordando da definição

---

14. Entrevista com Bernardo Dania Guiné, jornal *Spiritus*, março de 2002, pp. 4 e 5.
15. Francisco Cândido Xavier e Espírito Emmanuel, *O consolador*, p. 66.

de saúde da OMS, que "saúde é um estado de razoável harmonia entre o sujeito e a sua própria realidade".[16]

Joanna de Ângelis, pela psicografia de Divaldo Franco, declara que:

> A verdadeira saúde não se restringe apenas à harmonia e ao funcionamento dos órgãos, possuindo maior extensão, que abrange a serenidade íntima, o equilíbrio emocional e as aspirações estéticas, artísticas, culturais, religiosas.[17]

Harmonia significa sintonia com seu momento de vida, seu estágio de amadurecimento, suas necessidades psicológicas, sociais e biológicas, bem como integração com o meio e interação consciente e útil com a sociedade e o universo.

Harmonia não depende de ausência de doenças, podendo manifestar-se mesmo na presença destas. Chico Xavier, por exemplo, trazia o corpo coberto de enfermidades e o coração pacificado em Deus, harmonizado com sua proposta e sua missão. Estava consciente do papel de suas enfermidades no reequilíbrio energético e espiritual a que estava submetido, como consequência de sua escolha consciente de reparação do mal anteriormente semeado em dissonância com a lei de amor. Ele próprio havia escolhido reencarnar-se com aquelas manifestações patológicas que saneariam seu corpo espiritual dos resíduos do mal, em sintonia com o exercício no bem, possibilitando a ele mais amplo e rápido acesso à fruição da bem-aventurança destinada ao filho de Deus.

Já Hitler, em oposição extrema, trazia o corpo aparentemente saudável e a alma desarmonizada, desconectada com o seu papel no universo e seu momento evolutivo, desvirtuando sua proposta reencarnatória com o plantio do desequilíbrio e do desespero, em frontal desrespeito à lei do amor.

---

16. M. Segre e F.C. Ferraz, *Revista Saúde Pública*, out. 1997, pp. 538–542.
17. Divaldo Franco e Espírito Joanna de Ângelis, *Autodescobrimento*.

Harmonia representa o resultado do plantio, a resposta da vida à busca consciente por sentido e significado mais profundos, por entendimento de si mesmo e de seu papel no atual contexto reencarnatório, e, acima de tudo, a consequência natural das ações no bem particular e coletivo.

Harmonia representa a paz de consciência da alma sintonizada com o bem e com seu papel cocriador, na compreensão de seus limites, seus desafios e no compromisso de esforço permanente pela autossuperação.

Estágios de saúde

Joseph Gleber, no livro *O homem sadio*, orienta "a observar a saúde humana no contexto do mundo em que vivemos, de provas e expiações". Ele diz que "a saúde é um conceito a se confundir com felicidade" e que, portanto, assim como a felicidade plena, a saúde integral não é ainda para este mundo. "Existem 'estágios' ou 'etapas de saúde' que condizem com o processo evolutivo de cada um".[18]

Sabe-se que a reencarnação é um processo seletivo no qual o Espírito seleciona a natureza daquilo que deseja trabalhar em si, ativando recursos e condições que estejam em sintonia com seus objetivos reencarnatórios ou evolutivos presentes.

Em *O livro dos Espíritos*, encontramos as seguintes instruções:

> 258. Quando no estado errante e antes de se reencarnar, o Espírito tem a consciência e a previsão das coisas que lhe sucederão durante a vida?
> — Ele próprio escolhe o gênero de provas que quer suportar e é nisso que consiste seu livre-arbítrio.

---

[18]. Roberto Lúcio e Alcione Albuquerque, *O homem sadio*, p. 44.

264. O que dirige o Espírito nas escolhas das provas que quer suportar?

— Ele escolhe as que podem ser para ele uma expiação segundo a natureza de suas faltas, e o faça avançar mais rapidamente.

Vê-se que o espírito imortal, consciente de seu estágio evolutivo, de suas necessidades espirituais, de seu nível de comprometimento com seu próximo e a lei divina, escolhe a condição física, socioeconômica, cultural, política, dentre outras mais condizentes com o estímulo ao progresso que deseje ou deva alcançar. Isto naqueles que se reencarnam de forma consciente, tendo já desenvolvido certo nível de maturidade espiritual. Aqueles regidos pela ignorância ou inconsciência de sua história e de sua condição, reencarnando-se de forma automática, compulsória ou inconsciente, têm suas provas determinadas pelo automatismo da lei ou pela intervenção dos Espíritos sublimes que dirigem as criaturas em direção ao progresso, em ativa postura cocriadora em nome de Deus.

Os estágios de saúde manifestam, portanto, o momento evolutivo do indivíduo. Há muito conteúdo em estado latente, equilibrado ou desarmonizado, aguardando o momento propício de expressão para o reequilíbrio ou a evolução do ser. Aquele que hoje está saudável poderá amanhã vivenciar um estado de adoecimento, e vice-versa, requisitando sempre atenção às posturas do pensamento, do sentimento e da ação, que determinam a própria vida.

A ciência espírita, dá a conhecer o perispírito, a força criativa do pensamento, as consequências morais dos atos humanos, ampliando radicalmente a visão de mundo e o entendimento do binômio saúde–doença. Nos próximos capítulos, esses tópicos serão desdobrados, buscando aprofundá-los e desejando conhecer um pouco mais da grandeza do filho de Deus, que somos todos nós. ∎

Os estágios de saúde manifestam o momento evolutivo do indivíduo. Há muito conteúdo em estado latente, equilibrado ou desarmonizado, aguardando o momento propício de expressão para o reequilíbrio ou a evolução do ser. As posturas do pensamento, do sentimento e da ação determinam a própria vida.

Perispírito modelo organizador biológico

"No conhecimento do perispírito está a chave de inúmeros problemas até hoje insolúveis. Quando as ciências médicas tiverem na devida conta o elemento espiritual na economia do ser, terão dado grande passo e horizontes inteiramente novos se lhes patentearão.
— Allan Kardec
[*O livro dos médiuns*, p. 61; *Obras póstumas*, p. 45.]

Segundo *O livro dos Espíritos,* há no universo dois princípios: o espírito e a matéria. O espírito é o princípio inteligente do universo. A matéria é o campo onde o princípio espiritual desenvolve-se e de que se utiliza para seu processo de amadurecimento em direção à perfeição.

Allan Kardec cunhou o termo perispírito para englobar o conjunto de corpos que envolvem o espírito. Ele retirou esse termo da palavra perisperma, que significa a parte que envolve a semente e, por analogia, denominou perispírito ao envelope fluídico da alma.

Há no conhecimento esotérico, derivado de pesquisas com o magnetismo, o conhecimento de sete corpos específicos, o chamado setenário. No domínio da doutrina espírita, veremos o Espírito Joseph Gleber, no livro *Medicina da alma,* escrever sobre alguns desses corpos, os mesmos citados por André Luiz em suas obras e que consistem em: corpo etérico, corpo astral e corpo mental.

Diz Joseph Gleber:

> Quando Allan Kardec usou o termo perispírito para identificar o corpo espiritual, ele englobou nessa definição o setenário das escolas espiritualistas e tornou esse conhecimento de domínio público, o que era, até então, ensinado apenas aos iniciados.[19]

Há uma hierarquia de funções entre eles. Embora estejam todos interpenetrados, vibrando em dimensões diferenciadas, sofrem a influência uns dos outros em seu funcionamento, sendo portanto interdependentes.

A saúde biológica está na dependência da saúde dos corpos que controlam a matéria. O corpo mental determina o funcionamento do corpo astral, que por sua vez direciona o funcionamento do corpo físico. É importante compreendermos o papel das emoções, sentimentos e atitudes sobre eles, a fim de melhor ajuizar sobre a

---

19. Robson Pinheiro e Espírito Joseph Gleber, *Medicina da alma,* p. 228.

responsabilidade do homem na construção dos estados de saúde e doença.

Duplo etérico

O duplo etérico é o corpo de vitalização da matéria, sede da energia vital, essencial à vida na matéria. Ele funciona à semelhança de uma cola que liga o corpo físico ao corpo astral, o corpo das emoções.

Dele partem as irradiações magnéticas utilizadas no processo de cura durante os passes ou reuniões de tratamento espiritual. É a chamada aura, que, segundo alguns, pode ser fotografada pelo método Kirlian e estudada para avaliar o estado de saúde do indivíduo nos níveis físico e energético, diagnosticando-se algumas patologias ou condições desarmônicas ainda em fase embrionária, o que permitiria o tratamento causal precoce evitando-se a moléstia orgânica.

O corpo etérico fornece o ectoplasma de que se utilizam os Espíritos no tratamento espiritual e, também, durante as sessões de materialização de Espíritos, como as realizadas no passado em Pedro Leopoldo pelos médiuns Peixotinho e Chico Xavier, ou no Rio de Janeiro pelo médium Júlio César Grande, dentre outros. Ainda hoje, reuniões de ectoplasmia são realizadas com o objetivo de cura em muitos centros espíritas brasileiros, embora a materialização de Espíritos seja mais rara.

O duplo etérico funciona ainda como uma tela protetora que evita o contato do homem com o mundo astral de maneira tão frequente. No instante dos transes mediúnicos, há um ligeiro deslocamento desse corpo, natural ou provocado magneticamente pelos Espíritos, de forma a permitir o transe ou o contato com as realidades extrafísicas de maneira mais ostensiva.

Algumas atitudes morais ou uso de substâncias podem afetá-lo gravemente, gerando consequências físicas de longo alcance:

Quando, através de seus desregramentos e vícios, o homem passa a utilizar-se de substâncias corrosivas como o álcool e o tabaco, a maconha e outras drogas, ou quando no seu comportamento abusivo na esfera da moralidade, ele bombardeia a constituição etérica do duplo, queimando-lhe e envenenando-lhe as células etéricas, cria verdadeiras brechas por onde penetram as comunidades de larvas e vírus do subplano astral, comumente utilizados por inteligências sombrias para facilitar-lhes o domínio sobre o homem, ou mesmo o próprio assédio mais intenso das consciências vulgares que se utilizam, muitas vezes, do ser encarnado para saciarem sua fome e sede de viciações, quando não para acirrarem ainda mais a perseguição contumaz e infeliz sobre a própria vítima de seus desequilíbrios[20]

Essas lesões do corpo etérico são algumas vezes reparáveis, noutras não. Dependendo da extensão da lesão criada ou da profundidade dela, os Espíritos não conseguem fazer senão pequenos "remendos" paliativos, impedindo lesões orgânicas mais sérias.

Corpo astral

(...) O homem é comparado a uma equipagem, sendo o carro representado pelo corpo físico, o cavalo pelo corpo astral e o cocheiro pelo espírito. O carro, pela sua natureza grosseiramente material e ainda pela sua inércia, corresponde bem ao nosso corpo físico. O cavalo, unido pelos tirantes ao carro (sistema nervoso), e pelas rédeas ao cocheiro (sentidos astrais), move todo o sistema sem participar da direção. É esta a função do perispírito ou corpo astral.[21]

---

20. Robson Pinheiro e Espírito Joseph Gleber, *Medicina da alma*, pp. 47 e 48
21. Antonio J. Freire, *Da alma humana*, p. 44.

Sinônimos do corpo astral, segundo Emmanuel: *khá* (egípcios), *kama-rupa* (budismo), *rouach* (cabala), *manu* (vedanta), corpo espiritual (Paulo de Tarso), corpo astral (Paracelso), corpo vital (rosacrucianos), corpo bioplasmático (pesquisadores modernos).[22]

Sinônimos espíritas: corpo espiritual, túnica nupcial (da parábola do festim de bodas), psicossoma, modelo organizador biológico (Hernani Guimarães Andrade).

Inicialmente, é necessário fazer uma observação sobre os termos utilizados nas obras mediúnicas para retratar esse corpo, pois levam a certa confusão com a terminologia criada por Allan Kardec.

André Luiz, repórter do além e médico espiritual, trouxe muitas informações importantes para o movimento espírita, sobretudo na área da saúde. Ele se utiliza de recursos linguísticos que provavelmente se devem ao esforço por fazer uma literatura espírita que contemple a beleza e a poesia. Dessa forma, faz uso de vários sinônimos a fim de não repetir termos e muitas vezes se reporta ao corpo astral pelo nome de perispírito, termo que Kardec utilizou para se referir ao conjunto de corpos que envolvem o espírito, e não apenas um corpo específico. No entanto, ao se observar a obra kardequiana, percebe-se que a maior parte das características que Kardec apresenta do perispírito são hoje propriedades conhecidas do corpo astral, sobretudo no conhecimento expresso no livro *A gênese*.[23]

O corpo astral, também conhecido como o corpo das emoções, é o corpo que o Espírito possui para se manifestar nos planos astral e espiritual, próximos à Terra e que a envolvem em círculos concêntricos e superpostos, diferenciados pela vibração específica de cada um, que define sua natureza.

Ele é composto de matéria sutilizada, caso se tome como referência a materialidade terrena, mas ainda assim é bastante material

---

22. Francisco Cândido Xavier, Waldo Vieira e Espírito André Luiz, *Evolução em dois mundos*, "Anotação", p. 5.
23. Ver estudo detalhado: Allan Kardec, *A gênese*, cap. XIV, "Formação e propriedades do perispírito".

e palpável para os Espíritos desencarnados. Essa materialidade do corpo astral, no entanto, não obsta as manifestações anímicas que atestam a capacidade mental e de irradiação do sentimento, que no corpo físico são contidas em função da densidade da matéria.

No corpo de carne temos a mesma constituição física. Todos os corpos são compostos de carbono, hidrogênio, oxigênio, nitrogênio, cálcio e fósforo. A base da vida é a mesma, o que confere a semelhança de anatomia e fisiologia, com pequenas variações. No plano astral acontece de forma diferente; o organismo perispiritual tem constituição variada e individualizada, segundo a evolução do ser. O corpo astral é guiado pelo corpo mental e pela vida sentimental do Espírito, que o formata, definindo sua anatomia e fisiologia particulares, de acordo com o conhecimento e a elevação moral do ser espiritual.

No livro *A gênese*, Allan Kardec informa:

> Os Espíritos chamados a viver naquele meio tiram dele seus perispíritos; porém, conforme seja mais ou menos depurado o Espírito, seu perispírito se formará das partes mais puras ou das mais grosseiras do fluido peculiar ao mundo onde ele encarna. O Espírito produz aí, sempre por comparação e não por assimilação, o efeito de um reativo químico que atrai a si as moléculas que a sua natureza pode assimilar. Resulta disso este fato capital: a constituição íntima do perispírito não é idêntica em todos os Espíritos encarnados ou desencarnados que povoam a Terra ou o espaço que a circunda.[24]

Um Espírito que já tenha se desapegado da vida material mais grosseira terá um organismo perispiritual mais sutil, que se nutrirá dos fluidos ambientes absorvidos pela respiração, e expressará sua luminosidade característica de acordo com as conquistas morais do Espírito.

---

24. Allan Kardec, *A gênese*, cap. XIV, item 10.

Os que possuam evolução mediana apresentarão ligeira opacidade em seu corpo espiritual, contudo sem tanta limitação das manifestações anímicas, dependentes do poder mental do Espírito e seus esforços de aprendizagem e crescimento.

Já aqueles que se mantêm apegados às suas paixões materiais, ou jungidos por processos de dor e culpa profundos, oriundos do exercício de sua liberdade mal conduzida, apresentarão o corpo perispiritual opaco e grosseiro, necessitando da mesma qualidade de nutrição energética humana, buscando para isso o contato com os encarnados que lhes sejam afins, para que tenham a fonte de recursos de que julgam necessitar para viver ou para saciar seus vícios.

O perispírito modifica-se de acordo com o ambiente em que o Espírito se encontre, em diferentes qualidades de energia, no plano astral (ambientes mais sutis ou mais grosseiros) ou na mudança de atmosfera, quando da transição planetária. Nesse último caso, ele retira da atmosfera do mundo em que habitará os fluidos que comporão seu corpo espiritual, atraindo-os por afinidade e sintonia.

São características do corpo astral:

▷ penetrabilidade na matéria física;
▷ faculdade volitiva: de acordo com a densidade perispiritual;
▷ capacidade de irradiação e luminosidade.

Essas características estão diretamente ligadas à evolução moral do Espírito, encarnado ou desencarnado, e seu treino mental, sendo expressas de forma diferenciada entre eles.

No livro *Voltei*, pela psicografia de Francisco Cândido Xavier, o Espírito Irmão Jacob, pseudônimo de Frederico Figner, atesta sua estranheza ao não perceber luminosidade em seu corpo astral, enquanto seus companheiros irradiavam luzes de matizes variados, atestando-lhe o nível evolutivo superior. É que ele, embora tenha sido presidente da Federação Espírita Brasileira e trabalhado muito em prol dos outros, não havia se ocupado em renovar a si mesmo, enquanto auxiliava o próximo, mantendo vivo em si o homem velho que deveria transformar.

Encontramos sobre isso sábia advertência de Paulo de Tarso quando afirma: "Assim que se alguém está em Cristo, nova criatura é, as coisas velhas já passaram eis que tudo se fez de novo." (2Cor 5:17)

O corpo astral manifesta a realidade do Espírito, da qual não poderá fugir, a despeito dos cargos, posses e máscaras que construa para si na vida.

Pode-se citar como percepções e sensações propiciadas pelo corpo astral a vidência e a audiência,[25] ou seja, a capacidade de ver e ouvir os Espíritos, fenômenos anímicos que podem ser e são amplamente utilizados na mediunidade.

O corpo astral, embora esteja intimamente ligado ao corpo físico, pode dele se exteriorizar, no encarnado, de forma temporária, assim como o faz no processo de desencarne, de forma definitiva.

O desdobramento ou exteriorização astral é o fenômeno natural que ocorre todas as noites com a maioria das pessoas que buscam os sítios de afinidade durante o repouso do corpo físico. Alguns mais materializados, ao dormirem, permanecem no corpo mesmo ou ao seu lado, sem o desdobramento total, devido à condição íntima.

Durante a exteriorização, o Espírito pode ter seu corpo espiritual adensado e percebido em outra localidade, por outras pessoas, sem que ocorra nessas o fenômeno da clarividência. Esta situação é chamada de bicorporeidade ou bilocação, atributos de alguns sensitivos mais ostensivos como o foram Santo Antônio de Pádua e Eurípedes Barsanulfo.

Nesse processo, o Espírito permanece ligado ao corpo pelo conjunto de irradiações magnéticas do seu corpo físico e etérico,

---

25. Ver estudo sobre o tema: Allan Kardec, *O livro dos médiuns*, cap. XIV, "Dos médiuns".

chamado de cordão de prata.[26] Tudo o que o Espírito vivencie longe do corpo físico terá reflexo nesse corpo, bem como tudo aquilo que o corpo físico experimente será transmitido ao Espírito desdobrado, independente da distância física em que este se encontre do corpo. Os laços magnéticos são expansíveis de acordo com a vontade do Espírito, que pode viajar pelo mundo buscando situações e pessoas de interesse conforme seu nível evolutivo.

Se os locais visitados forem de nível espiritual inferior, onde predominem as energias mais densas, materializadas, e que reflitam o conflito e a perturbação dos que frequentem ou vivam naquelas paragens, como as zonas umbralinas, o corpo físico se ressentirá da carga densa e poderá manifestar em sintomas físicos ou emocionais o desequilíbrio a ele transmitido.

O oposto ocorre se as regiões ou locais de visita forem portadores de energias elevadas, sintonizadas com o belo e o bem, determinando bem-estar, saúde e harmonia na organização somática.

Tal a origem de variados estados emocionais que acometem o ser ao acordar no corpo pela manhã, após uma noite de experiências extrafísicas guiadas pelos seus interesses mais íntimos, conhecidos ou desconhecidos, manifestos ou reprimidos. Fora do corpo e dos diversos entraves sociais, culturais, filosóficos ou religiosos, o Espírito manifesta sua realidade interior, equilibrada ou necessitada de reajuste, e que aflora à consciência na forma de sonhos, mensagens da alma no caminho de autoconhecimento e autossuperação.

Órgãos e fisiologia do corpo astral

Quanto aos órgãos e à fisiologia do corpo astral, Joseph Gleber afirma que:

---

26. Ver estudo sobre o tema: Robson Pinheiro e Espírito Joseph Gleber, *Além da matéria*, cap. 11.

No organismo perispiritual continuam as funções de alguns órgãos similares aos físicos, porém adaptados ao ambiente e às energias mais eterizadas do mundo espiritual.[27]

Sabemos que os sistemas que mais sofrem alterações no mundo astral são o reprodutor e o digestivo, por diferenças de função. Quanto mais desmaterializado é o Espírito, mais adaptações sofrem esses órgãos, quando desencarnado, embora a forma permaneça a mesma, inclusive nos órgãos genitais, em razão da fixação da mente no padrão humano, segundo informa Dr. Inácio Ferreira em suas obras.

André Luiz esclarece que:

(...) detemos no corpo espiritual, em recursos equivalentes, as células que produzem fosfato e carbonato de cálcio para a reconstrução dos ossos, as que se distendem para a recobertura do intestino, as que desempenham complexas funções químicas no fígado, as que se transformam em filtros de sangue na intimidade dos rins e outras tantas que se ocupam do fabrico de substâncias indispensáveis à conservação e defesa da vida nas glândulas, nos tecidos e nos órgãos que nos constituem o cosmo vivo de manifestação.[28]

Esses órgãos do corpo astral são a matriz dos órgãos físicos e comandam-lhes as funções, sendo onde se registram primeiramente as distonias ou o equilíbrio perante as leis divinas, que conferem o estado de doença ou saúde, respectivamente, ao corpo físico, de acordo com os sentimentos, pensamentos e ações do Espírito.

---

27. Robson Pinheiro e Espírito Joseph Gleber, *Medicina da alma*, cap. VIII.
28. Francisco Cândido Xavier, Waldo Vieira e Espírito André Luiz, *Evolução em dois mundos*, p. 28.

Em íntima associação com as células físicas, as células perispirituais recebem o comando da mente de forma direta e a repassam para a intimidade subatômica do corpo físico, direcionando o funcionamento deste, de acordo com os impulsos que vertam da mente e do sentimento, o que explicaremos em mais detalhes no próximo capítulo.

O corpo astral é comandado pelo corpo mental, que lhe dá forma e dirige-lhe as funções, conforme a condição mental do Espírito. Sua natureza plástica permite que ele tome a forma que desejar o ser, quando dotado de força e treino mental suficiente para tal, independente do seu nível evolutivo, ou quando o padrão automático da mente seja fixado em determinado conteúdo.

André Luiz conta, no livro *Libertação*,[29] o caso da senhora de alta classe social que se apresentava com esmero e cuidados, limpa, bela e sempre elegante. No entanto, ao desdobrar-se durante o sono físico, ela se apresentava na exata condição de seu psiquismo e não podia esconder o reflexo da perturbação mental no corpo astral. Apresentava-se suja, cabelos desgrenhados, roupas rotas, como uma mendiga ou bruxa, atestando o psiquismo centralizado nas questões egoísticas e maldosas que lhe afirmavam o nível evolutivo inferior.

O corpo astral reflete com exatidão a condição mental do Espírito.

Tal é a situação dos Espíritos chamados ovoides, os quais se fixaram em monoideísmos destrutivos, na culpa, no ódio ou na vingança, e acabaram por perder a sustentação da forma humana, pela centralização em um pensamento único, obsessivo e contínuo, tomando assim a forma do corpo mental, no formato ovoide.

Esses Espíritos, quando não socorridos pelo auxílio fraterno das equipes médicas da erraticidade, são facilmente manipulados por outros Espíritos desejosos de utilizá-los em processos obsessivos simples e complexos. Por serem portadores de alta carga mental de ódio e perturbação, são colocados, por Espíritos magnetizadores,

---

[29]. Francisco Cândido Xavier e Espírito André Luiz, *Libertação*, p. 74.

próximos a indivíduos que sejam alvo de processos obsessivos, e que lhes acolhem em seu psiquismo ou campo etérico, pela afinidade e sintonia com seu teor magnético, sofrendo-lhes a influência mental e emocional contínua, o que agrava sobremaneira os quadros de transtornos emocionais, psicológicos ou psiquiátricos que o indivíduo apresente.

Com essa medida, são mantidos escravos uns dos outros, na retroalimentação negativa, o que exige tratamento magnético e espiritual contínuo e de longa duração, a fim de sanar os efeitos perturbadores desencadeados e mantidos pela simbiose obsessiva. Esse fenômeno é comum na chamada magia negra e nos processos obsessivos complexos, onde, além dos ovoides, são utilizados aparelhos espirituais com propósitos sombrios. Temos relatos detalhados desses casos nas obras *Legião* e *Senhores da escuridão*.[30]

O corpo físico ressente-se de toda essa realidade obsessiva atuante no corpo astral. A carga mental e emocional tóxica promove a perturbação da fisiologia orgânica, que manifesta adoecimentos variados, conforme a área de sensibilidade do corpo astral. Estando a origem dessa perturbação na matriz perispiritual, muitas vezes não se observa nenhuma melhora na terapêutica médica convencional, sendo necessário o tratamento espiritual, que pode ser realizado em uma casa espírita comprometida com os ideais de Jesus.

Naturalmente, o socorro do alto está em toda parte e a imposição de mãos do padre ou pastor evangélico, bem como a aplicação do reiki ou johrei e outras técnicas magnéticas podem socorrer o indivíduo que não se afinize com a prática espírita. Até mesmo o amor espontâneo de uma mãe ou a boa vontade de uma benzedeira, figura comum no interior de Minas Gerais e Bahia, pode socorrer convenientemente, quando represente a irradiação de bondade e amor, sempre gratuitos, e em sintonia com o Pai. No entanto, casos de obsessão complexa, com a presença de ovoides e aparelhagem, necessitam a intervenção de um grupo mediúnico sério e

---

30. Robson Pinheiro e Espírito Ângelo Inácio, *Legião* e *Senhores da escuridão*.

comprometido com o bem, com o estudo e com a mediunidade com Jesus, e que utilize técnicas específicas de abordagem do submundo astral, a fim de alcançar êxito no processo. Essa abordagem incorpora técnicas de acolhimento e convencimento do Espírito desencarnado, sobretudo o autor do processo obsessivo ou o parceiro dele, que necessita retirar ele mesmo a aparelhagem que lhe está vinculada à irradiação magnética pessoal.

Nesse processo, são utilizados a oração, os pulsos ou irradiações magnéticas da corrente mediúnica, concentrada em uma intenção comum, o retorno ao passado por induções hipnóticas ou a projeção ao futuro provável da criatura, determinado pelos efeitos de suas escolhas, sempre em parceria com a equipe espiritual capacitada para tais realizações. Se o grupo mediúnico for experiente e a equipe espiritual assim o determinar, pela inspiração ou orientação direta aos médiuns, pode ser feita a abordagem de laboratórios no submundo astral, onde os cientistas comprometidos com os processos obsessivos elaboram e controlam a aparelhagem e as criações mentais perturbadas que mantêm e sustentam os processos obsessivos complexos. Lembramos que todo esse processo, como toda a prática espírita, visa ao socorro de ambos, encarnados e desencarnados, filhos amados de Deus e merecedores de toda a atenção fraterna que lhes possa ser dispensada.

O objetivo desse ligeiro desvio no tema, entrando na questão mediúnica, são as frequentes queixas somáticas que não respondem à terapia medicamentosa alopática ou homeopática adequadas, e que têm sua gênese na condição do corpo astral.

O comportamento do Espírito determina as zonas de predisposição ou sensibilidade do corpo astral às enfermidades ou distonias, pelos efeitos das atitudes físicas ou morais. A esse respeito, André Luiz oferece maravilhoso texto no livro *Evolução em dois mundos*, esclarecendo a relação entre comportamento moral, lesão no corpo astral e doença física, quando questionado a respeito das invasões microbianas:

Pergunta: A invasão microbiana está vinculada a causas espirituais? Excetuados os quadros infecciosos pelos quais se responsabiliza a ausência da higiene comum, as depressões criadas em nós por nós mesmos, nos domínios do abuso de nossas forças, seja adulterando as trocas vitais do cosmo orgânico pela rendição ao desequilíbrio, seja estabelecendo perturbações em prejuízo dos outros, plasmam, nos tecidos fisiopsicossomáticos que nos constituem o veículo de expressão, determinados campos de ruptura na harmonia celular.

Verificada a disfunção, toda a zona atingida pelo desajustamento se torna passível de invasão microbiana, qual praça desguarnecida, porque as sentinelas naturais não dispõem de bases necessárias à ação regeneradora que lhes compete, permanecendo, muitas vezes, em derredor do ponto lesado, buscando delimitar-lhe a presença ou jugular-lhe a expansão.

Desarticulado, pois, o trabalho sinérgico das células nesse ou naquele tecido, aí se interpõem as unidades mórbidas, quais as do câncer, que, nesta doença, imprimem acelerado ritmo de crescimento a certos agrupamentos celulares, entre as células sãs do órgão em que se instalem, causando tumorações invasoras e metastáticas, compreendendo-se, porém, que a mutação, no início, obedeceu a determinada distonia, originária da mente, cujas vibrações sobre as células desorganizadas tiveram o efeito das projeções de raios X ou de irradiações ultravioleta, em aplicações impróprias. Emerge, então, a moléstia por estado secundário, em largos processos de desgaste ou devastação, pela desarmonia a que compele a usina orgânica, a esgotar-se, debalde, na tarefa ingente da própria reabilitação, no plano carnal, quando o enfermo, sem atitude de renovação moral, sem humildade e paciência, espírito de serviço e devotamento ao bem, não consegue assimilar as correntes benéficas do Amor Divino que circulam, incessantes, em torno de todas as criaturas, por intermédio de agentes distintos e inumeráveis, a todas estimulando, para o máximo aproveitamento na Terra.[31]

Essa disfunção ou campo de ruptura de que fala André Luiz ocorre no binômio corpo astral–corpo físico, que estão intimamente integrados.

André Luiz, na continuidade do texto supracitado, adverte que:

> Quando o doente, porém, adota comportamento favorável a si mesmo, pela simpatia que instila no próximo, as forças físicas encontram sólido apoio nas radiações de solidariedade e reconhecimento que absorve de quantos lhe recolhem o auxílio direto ou indireto, conseguindo circunscrever a disfunção aos neoplasmas benignos, que ainda respondem à influência organizadora dos tecidos adjacentes.
>
> Sob o mesmo princípio de relatividade, a funcionar, inequívoco, entre doença e doente, temos a incursão da tuberculose e da lepra, da brucelose e da amebíase, da endocardite bacteriana e da cardiopatia chagásica, e de muitas outras enfermidades, sem nos determos na discriminação de todos os processos morbosos, cuja relação nos levaria a longo estudo técnico.
>
> É que, geralmente, quase todos eles surgem como fenômenos secundários sobre as zonas de predisposição enfermiça que formamos em nosso próprio corpo, pelo desequilíbrio de nossas forças mentais a gerarem rupturas ou soluções de continuidade nos pontos de interação entre o corpo espiritual e o veículo físico, pelas quais se insinua o assalto microbiano a que sejamos mais particularmente inclinados pela natureza de nossas contas cármicas.
>
> Consolidado o ataque, pela brecha de nossa vulnerabilidade, aparecem as moléstias sintomáticas ou assintomáticas, estabilizando-se ou irradiando-se, conforme as disposições da própria mente, que trabalha ou não para refazer a defensiva orgânica em supremo esforço

---

31. Francisco Cândido Xavier, Waldo Vieira e Espírito André Luiz, *Evolução em dois mundos*, cap. 40, p. 120.

de reajuste, ou que, por automatismo, admite ou recusa, segundo a posição em que se encontra no princípio de causa e efeito, a intromissão desse ou daquele fator patogênico, destinado a expungir dela, em forma de sofrimento, os resíduos do mal, correspondentes ao sofrimento por ela implantado na vida ou no corpo dos semelhantes.[32]

A vida moral determina as brechas no corpo espiritual por onde se insinua o assalto microbiano ou onde se estabelecem os processos mórbidos oriundos do reflexo mental e emocional, e que são fortalecidos ou atenuados pela atuação contínua do Espírito na vida. A consciência, sede das leis divinas no ser, procede à natural revisão dos processos patológicos de forma automática, reforçando o equilíbrio ou restaurando-o conforme o ser se situe perante a lei de causa e efeito ou de ação e reação.

Esses pontos de sensibilidade do corpo espiritual, marcados indelevelmente pelo comportamento físico e moral do ser, guardando o registro energético e emocional de muitas escolhas e decisões, necessitam ser reequilibrados e reajustados. As energias que contêm necessitam serem drenadas para o corpo físico e, no processo da reencarnação, o organismo somático funciona como o mata-borrão que absorve esses núcleos adoecidos do corpo astral, manifestando disfunções ou patologias mais ou menos graves, de acordo com a intensidade e a profundidade da lesão. Essas podem ser agravadas ou atenuadas segundo a necessidade pedagógica e a postura moral do Espírito ao longo da encarnação.

Naturalmente, tratamentos magnéticos são empreendidos no mundo espiritual, quando da preparação para o reencarne, tendo por objetivo atenuar essas lesões e suas repercussões. Contudo, é no fenômeno da reencarnação que a matriz perispiritual se recompõe de forma definitiva, sofrendo a ação benéfica da matéria que lhe serve de campo de reestruturação da forma e das funções, na

---

32. Idem, ibidem, p. 121.

regulação da fisiologia perispiritual, que estará sempre dependente do campo mental e do comportamento moral do indivíduo.

Compreende-se assim que no processo de cura é necessária a intervenção magnética na matriz do organismo físico, o corpo astral, de forma a sanar a doença desde a raiz. Quando intervimos somente no corpo físico, assemelhamo-nos a um pintor que desse uma demão de tinta em parede mofada, acreditando ter resolvido o problema. A pintura esconderia o estrago por determinado tempo, porém a infiltração, causa geradora, novamente mancharia a parede. A mancha, portanto, é sinal que indica a doença da parede, a infiltração, assim como os sinais e sintomas do corpo físico são sinalizadores das disfunções do corpo espiritual, campo da verdadeira intervenção curativa.

Como o corpo astral é definido pela intimidade da criatura, a renovação de valores, pensamentos e ações apresenta-se como o tratamento por excelência, modificando os núcleos de potenciação[33] adoecidos do psiquismo, bem como tratando as zonas energéticas mórbidas do corpo astral.

As virtudes exaradas no evangelho de Jesus apresentam-se como o código de ética cósmico, transpessoal, que fornece o roteiro seguro para o equilíbrio íntimo e a saúde do corpo e da alma. Com o conhecimento do perispírito e da sua fisiologia, pela ciência espírita, compreende-se que a mensagem de amor e perdão do Cristo ergue-se como um código científico de conduta, promotor de bem-estar, alegria e saúde espiritual.

Afirma Joseph Gleber:

> Estudando os estados emocionais, as disfunções da moral e do sentimento, como energias latentes e atuantes através do psiquismo humano, podemos, com toda a certeza, afirmar que o comportamento

---

33. Núcleos do psiquismo profundo que guardam os registros e conteúdos acumulados do nosso passado espiritual. Ver estudo detalhado: Jorge Andrea, *Forças sexuais da alma*.

equilibrado, a atitude sadia e a prática dos preceitos morais segundo nos ensina o evangelho, longe estão de se constituírem atividades puramente religiosas ou místicas, mas uma resposta científica de nível energético superior. Pois sabendo que tais atitudes e comportamentos geram e nutrem correntes de energias ou campos magnéticos que influem de forma positiva e comprovadamente eficaz, no equilíbrio e harmonia do cosmos orgânico-espiritual, a terapêutica evangélica soa-nos como uma fórmula de quimismo espiritual que interfere diretamente nos campos de vibrações responsáveis pela interação espírito–perispírito–corpo físico, produzindo o estado de saúde psicofísica.[34]

Importante lembrar Emmanuel que diz: "Jesus não é uma personalidade a ser adorada, mas uma verdade a ser vivida".[35]

Chacras ou centros de força

O homem, como exposto acima, é um ser energético e mobiliza uma série de energias, de variadas procedências, as quais lhe servem de fonte de equilíbrio ou desequilíbrio, conforme sua natureza.

> Ao domínio do espírito fazem parte os campos de energia multidimensionais. (...)
> O ser humano, ou todo organismo vivo, mobiliza e metaboliza uma variedade de energias dentro da faixa eletromagnética e astral. Desta forma, suas emoções, sentimentos e pensamentos impregnam o seu próprio meio, como a si mesmo, do reflexo de suas tendências e criações subjetivas, de vibrações cuja frequência e irradiação, se espalham em torno de si.[36]

---

34. Robson Pinheiro e Espírito Joseph Gleber, *Medicina da alma*, pp. 24 e 25.
35. Francisco Cândido Xavier e Espírito Emmanuel, *Pão nosso*.
36. Robson Pinheiro e Espírito Joseph Gleber, *Medicina da alma*, p. 21.

No plano vertical, o ser humano absorve do solo a energia telúrica, básica, primária do planeta e do alto as energias do cosmos e do mundo astral e espiritual. No plano horizontal, ele troca com a natureza e com os seres humanos, que fazem parte dela.

Para que as energias brutas da natureza e as demais, algo transformadas pela intervenção humana, sejam absorvidas e integradas ao organismo, são necessários órgãos energéticos que funcionem à semelhança de transformadores, transmutando, adaptando e direcionando as energias ao corpo astral e às células físicas, para sua ação mais profunda. A esses órgãos energéticos, o conhecimento oriental chama chacras; o espiritismo reconhece-os por informações mediúnicas de variadas procedências, chamando-os centros de força.

Os centros de força estão radicados no corpo astral, porém se expressam também no duplo etérico e têm a sua conexão com o sistema nervoso e endócrino do corpo somático. Eles funcionam como ponto de encontro das linhas de força do corpo astral, à semelhança de uma praça para onde convergem largas avenidas, que variam de número de acordo com a localização do chacra, definindo também a sua importância.

Embora os haja em maior quantidade em todo o organismo, em expressões menores, são conhecidos e estudados sete grandes chacras: básico, esplênico, solar, cardíaco, laríngeo, frontal e coronário. Cada um está ligado a um plexo nervoso ou parte do sistema nervoso central e a uma glândula específica.

As energias manipuladas por esses órgãos energéticos dão um estímulo específico ao funcionamento dos órgãos internos do homem, bem como um estímulo psicológico[37] e espiritual, consoante sua localização e vibração.

Eles têm todos uma rotação específica, e cada um deles vibra

---

37. Ver estudo detalhado dos efeitos psicológicos da concentração ou desvitalização de cada chacra: Robson Pinheiro e Espírito Joseph Gleber, *Além da matéria*, caps. 20 a 27.

em uma determinada faixa eletromagnética, emitindo uma coloração individual. Os chacras estão integrados harmonicamente e sob o comando do Espírito, que governa o organismo biológico, tendo ascendência sobre todos os processos.

> Os tons e matizes que se observam em cada chacra estão sujeitos a modificações ou alterações quanto ao aspecto dos vórtices de energia, sendo que para tal influem poderosamente os pensamentos e as emoções, podendo os mesmos serem conscientes ou inconscientes. Verifica-se, desta forma, o cuidado que se deve ter com as próprias criações mentais e estados emocionais, pois que, quando um chacra não vibra de forma harmoniosa, o órgão ou glândula a ele ligado sofre interferência de forma direta, causando uma disfunção.[38]

Interessante a observação do Espírito Joseph Gleber sobre a coloração dos chacras e a saúde física quando o indivíduo se esforça por renovar-se intimamente:

> Quando existe um esforço de reformulação íntima, aumentando o padrão vibratório, observamos uma acentuada luminescência dos chacras, exteriorizando singulares tonalidades de intensa beleza, causando, por conseguinte, uma benéfica influência dos órgãos a que estão vinculados.[39]

Os chacras, portanto, estão intimamente associados à saúde do corpo físico, sendo importantes campos de atuação do magnetismo curativo nas reuniões de tratamento espiritual ou durante o sono físico. Eles podem ser igualmente desdobrados parcialmente do organismo somático para intervenção da equipe espiritual, quando tal ação encontre aceitação na vibração do indivíduo em processo ativo de reeducação espiritual de si mesmo.

---

38. Idem, ibidem, p. 67.
39. Idem, ibidem, p. 68.

> (...) como acontece na exteriorização da sensibilidade dos encarnados, operada pelos magnetizadores comuns, os centros vitais são também exteriorizáveis, quando a criatura se encontre no campo da encarnação, fenômeno esse a que atendem habitualmente os médicos e enfermeiros desencarnados, durante o sono vulgar, no auxílio a doentes físicos de todas as latitudes da Terra, plasmando renovações e transformações no comportamento celular, mediante intervenções no corpo espiritual, segundo a lei de merecimento, recursos esses que se popularizarão na medicina terrestre do grande futuro.[40]

Embora os chacras possam ser individualizados em suas características e funções, trabalham juntos e de forma integrada, como partes de um organismo dinâmico no qual a energia vital flui continuamente, atendendo aos impulsos da mente e do sentimento. A energia é polarizada para determinada função em cada um deles e prossegue seu curso, nas linhas de força do psicossoma, de forma a nutrir energeticamente todo o indivíduo em sua complexidade física e espiritual.

Cada chacra tem sua função, correlacionada à área do corpo a que se vincula e uma expressão psicoemocional. Quando irradiamos energia em favor do outro, liberamos o complexo energia + sentimento dos centros de força ativados pela vontade e pela qualidade do sentimento manifesto.

Diz Joseph Gleber:

> (...) o quantum energético que o ser absorve ou doa em benefício de outro, está também acompanhado de vibrações emotivas ou sentimentais. Ninguém recebe ou processa somente energia, sem que esteja impregnada de sentimento.[41]

---

40. Francisco Cândido Xavier, Waldo Vieira e Espírito André Luiz, *Evolução em dois mundos*, p. 14.
41. Robson Pinheiro e Espírito Joseph Gleber, *Além da matéria*, p. 135.

Quando ocorrer um bloqueio energético em qualquer setor do organismo, haverá acúmulo de energia em um polo e falta em outro. Conflitos emocionais, emoções intensas, fixação mental, repressões variadas ocasionam bloqueios nos circuitos eletromagnéticos do corpo astral. Imaginemos, por exemplo, um bloqueio emocional no chacra solar, em função de raiva acumulada e não trabalhada educativamente. Haverá acúmulo energético nos chacras inferiores, básico e esplênico, e falta nos superiores, cardíaco, laríngeo, frontal e coronário. Todo acúmulo e toda falta geram efeitos psicológicos e físicos nas áreas orgânicas a que se vinculam os vórtices afetados.

Estudemos, resumidamente, os chacras de forma particularizada:

básico
▷ Situado no final da coluna e na região do períneo.
▷ Cores: vermelho, laranja.
▷ Ligado ao plexo sacral (inerva o ânus, pênis, clitóris, períneo, algumas vísceras abdominais, nádegas e membros inferiores).
▷ Funções: absorver a *kundalini*, energia telúrica que penetra pelo chacra básico e serpenteia ao longo da coluna vertebral, até atingir o chacra coronário, no fenômeno conhecido como fogo serpentino.
▷ Ligado às gônadas.
▷ Responsável pela reprodução e modelagem física.
▷ Centro da sobrevivência e sexualidade. Responsável pela adaptação do ser à existência, à matéria de uma maneira geral. Nesse chacra vibram as energias do aqui e agora, do terra a terra, que dizem respeito às atitudes e posturas relativas à manutenção da vida física e sociabilidade como trabalho, roupas, autocuidado, dinheiro etc.

Quando acumuladas, as energias desse chacra costumam induzir a comportamentos raivosos ou violentos, ou a impulsos sexualizados de forma exacerbada. Considerando o nível evolutivo na Terra atualmente, observamos inúmeros indivíduos regidos pelas expressões desse centro vital, em atitudes de exacerbação dos prazeres ou de expressões agressivas da identidade ou da *persona*, atestando o adoecimento espiritual.

A esse centro de força se ligam Espíritos vampirizadores vinculados aos prazeres terrenos ou às expressões mais materiais.

esplênico
▷ Situado ao nível do baço.
▷ Cores: espectro solar, menos o anil.
▷ Ligado ao plexo lombar (inerva a região lombar e glútea).
▷ Ligado à suprarrenal.
▷ Funções: absorção, armazenamento e circulação da vitalidade solar. Esse chacra promove a distribuição da energia vital para o organismo, bem como a doação ectoplásmica em fenômenos de cura, na tarefa do passe magnético e nas reuniões de ectoplasmia.

Nesse chacra se dá, igualmente, a ação vampiresca de Espíritos obsessores, ainda ligados à materialidade da vida física, que dependem da absorção de vitalidade dos encarnados para seus interesses inferiores ou para as sensações às quais estão escravizados.

Segundo Joseph Gleber, "o esplênico influencia os momentos de descoberta da individualidade" e, naqueles em que esse chacra predomina sobre os demais, ou seja, tem energias mais acumuladas em si, encontram-se "indivíduos sujeitos a fantasias e desejos diversos". "Já naqueles que têm esse centro desregulado em suas funções, o esplênico absorve todo o tipo de energias do ambiente, sem importar a qualidade delas".[42]

---

42. Robson Pinheiro e Espírito Joseph Gleber, *Além da matéria*, p. 162.

solar ou gástrico
- ▷ Situado na altura da cicatriz umbilical.
- ▷ Cores: amarelo, verde, vermelho.
- ▷ Ligado ao plexo solar (inerva a maior parte das vísceras abdominais e pâncreas).
- ▷ Funções: absorver e digerir os alimentos físicos e emocionais.
- ▷ Controla o sistema vago-simpático.
- ▷ Plano de ação: emocional.
- ▷ Neste chacra se ligam os Espíritos inconscientes.
- ▷ Instinto gregário – amor egoístico.

Esse chacra é centro do ego, a *persona*, a máscara temporária que expressa a parcela do indivíduo espiritual que somos e que estamos manifestando neste momento reencarnatório. Joseph Gleber diz as características do indivíduo que tem esse chacra em estado de congestão energética:

> (...) além do desequilíbrio, que se manifesta no exagero dos instintos e das emoções, o ser passa a identificar-se com os desejos da personalidade (persona) em detrimento das aspirações da alma (anima). A ansiedade logo se estabelece na intimidade do ser e a violência do fator emocional irrompe do íntimo causando sérios comprometimentos no que se refere ao comportamento do indivíduo. Raiva, ressentimento, mágoa, ciúmes e irritabilidade, aliados à agressividade, são características observadas nesse caso.[43]

Quando a situação é de desvitalização desse centro de força, encontramos o oposto:

> (...) as pessoas ficam apáticas, não se apaixonam por nada na vida, não têm perspectivas, objetivos nem metas a atingir. Os processos de

---
43. Idem, ibidem, pp. 158 e 159.

melancolia, tristeza e depressão fazem o estrago final nas matrizes sutis da mente humana.[44]

cardíaco
▷ Ligado ao nó sinoatrial – segmento atrioventricular
▷ cores: verde, amarelo-ouro
▷ Ligado ao plexo cardíaco (inerva a aorta, a artéria pulmonar, o coração e o pericárdio; controla o funcionamento desses órgãos).
▷ Ligado também ao timo, importante órgão e glândula imunológica responsável pela maturação dos linfócitos T, predominantemente na criança, mas ainda presente, de forma residual, no adulto. Interessante observar a etimologia da palavra "estimar": tirar do timo. O chacra cardíaco é o responsável pela circulação da energia afetiva, a conexão com a vida afetiva superior, o belo e o bem.
▷ Plano de ação: sentimental.

Interessante também a etimologia da palavra "coragem": cor + *agis*, que significa agir com o coração, conectado à verdade pessoal, aos sentimentos superiores.

É o chacra que direciona as energias a serem exteriorizadas em favor das outras criaturas.

Segundo o Espírito Joseph Gleber,[45] esse chacra é o responsável pela exsudação de uma qualidade de ectoplasma de coloração rósea, muito útil nas atividades de cura e que é exteriorizado quando a equipe de médiuns passistas movimenta os recursos do canto aliados à boa vontade, nas atividades preparatórias do trabalho.

---

44. Robson Pinheiro e Espírito Joseph Gleber, *Além da matéria*, pp. 158 e 159.
45. Orientação íntima, pela psicofonia de Robson Pinheiro, durante reunião de tratamento espiritual na Sociedade Espírita Everilda Batista, por volta de 1997.

laríngeo
▷ Próximo à tireoide.
▷ Cores: azul, prateado.
▷ Ligado ao plexo cervical (inerva o ombro, o pescoço e a região auricular) e ao plexo laríngeo (ramificações do nervo vago – inervam a laringe, faringe, as cordas vocais, pulmões, esôfago, traqueia, brônquios, base da língua).
▷ Funções: intermediário das energias do frontal a serem densificadas e utilizadas no corpo.
▷ Controla o aparelho fonador.

Segundo Joseph Gleber, está ligado ao corpo mental inferior.[46]
No plano psicológico, está relacionado à forma de expressão da identidade no mundo, da relação do homem com o meio, comunicação e sociabilidade.

frontal
▷ Localizado entre as sobrancelhas.
▷ Cores: azul púrpura, rosa, amarelo.
▷ Ligado aos plexos carotídeo e cavernoso (inerva a região do tímpano, nasal).
▷ Ligado à hipófise – glândula mãe do sistema endócrino, que produz seis hormônios e armazena dois outros produzidos no hipotálamo, que controlam o funcionamento das demais glândulas do corpo.
▷ Funções: responsável pela clarividência e pela clariaudiência.
▷ Plano de ação: mental.
▷ Segundo Joseph Gleber, está ligado ao corpo mental superior.[47]

---

46. Robson Pinheiro e Espírito Joseph Gleber, *Além da matéria*, p. 94.
47. Idem, ibidem, p. 95.

No plano psicológico, está relacionado com a capacidade de reflexão, o uso da razão e a elaboração mental dos processos de vida. Quando adoecido e desvitalizado, no processo da fascinação, tem sua atividade diminuída, o que ocasiona dificuldade de autocrítica e análise de si mesmo. Quando concentrado e sobrecarregado, determina o movimento de racionalização ou de fuga do sentimento e de falta de atenção ou percepção dos valores morais da vida.

coronário
- Situado no alto da cabeça, sobre o vértex.
- Cores: violeta, dourado.
- Funções: interação entre o Espírito e as forças psicossomáticas organizadas.
- Controla todos os demais chacras. Fixa em nós a natureza da responsabilidade de nossas ações. Marca em nossas consciências a consequência de nossas posturas.
- Não está vinculado a nenhum plexo nervoso, mas se associa a todo o encéfalo.
- Ligado à pineal ou epífise, que é a glândula da vida mental e da mediunidade, segundo André Luiz.[48]
- Centro da vontade divina – plano de ação: causal.

O coronário é o centro de conexão com o divino e suas manifestações, como a intuição, a inspiração, a sabedoria. Conecta-se às fontes espirituais sublimes da aura planetária, haurindo dela recursos de ânimo e fortaleza espiritual.

Ativação de chacras
Observa-se, com frequência, fora do movimento espírita, serem oferecidas atividades de cura onde são realizadas a ativação de chacras, o despertamento de chacras ou ativação da *kundalini*.

---

48. Ver estudo sobre o tema: Francisco Cândido Xavier e Espírito André Luiz, *Missionários da luz*, caps. 1 e 2.

Sabe-se que isso se dá de forma natural em práticas meditativas, oração, no trabalho do bem e na evolução, em geral. Entendendo os efeitos psicológicos e físicos da ação de cada chacra, e o perigo de se promover a ativação artificial daquilo que talvez não se esteja pronto para viver, compreende-se que o esforço para superação de si mesmo e a renovação interior, consoante os ensinos de Jesus, são os caminhos por excelência para a cura interior e o equilíbrio psicofisicoenergético.

> Queremos ativar chacras? Busquemos o evangelho. Queremos renovar energias? Busquemos o evangelho. Queremos sublimar energias? Vivamos o evangelho. Tudo o mais virá por acréscimo da bondade de Deus.[49]

Corpo mental

O corpo mental é a sede da mente extrafísica que comanda os corpos inferiores. É a sede da memória multimilenar do Espírito, onde estão registrados desde os acontecimentos mínimos da existência, os arquivos culturais e de conhecimento geral de cada época e povo no qual o Espírito tenha estagiado, assim como a essência do aprendizado efetuado no processo evolutivo e que atesta o nível alcançado pelo ser espiritual na trajetória ascendente em direção ao Pai.

Está ligado ao corpo astral por um conjunto de filamentos eletromagnéticos chamado cordão de ouro,[50] em semelhança ao cordão de prata que liga o corpo físico ao corpo astral.

O corpo mental possui o formato ovoide, sem órgãos interiores.

---

49. Jacob Melo, *O passe*.
50. Ver estudo detalhado sobre o corpo mental e sobre o cordão de ouro: Robson Pinheiro e Espírito Joseph Gleber, *Além da matéria*, caps. 12 e 13.

Segundo Joseph Gleber, subdivide-se em mental inferior ou concreto e mental superior ou abstrato. O médico espiritual detalha as funções de cada um:

> A função intelectiva do corpo mental inferior é englobar as percepções que sensibilizam os cinco sentidos comuns ao homem terreno. É o corpo cognitivo, cujo raciocínio é naturalmente seletivo e impressiona diretamente o sistema nervoso. Está diretamente relacionado à personalidade encarnada e encontra-se ligado ao chacra laríngeo, o chacra da expressão.
>
> (...) o corpo mental superior corresponde ao porvir, à inspiração. Em profunda conexão com o chacra frontal, produz o elo de ligação com as forças que engendram o progresso do mundo. É dessa dimensão cósmica que o ser vivo banha-se na fonte sublime da própria vida, traçando suas metas quanto ao futuro.[51]

Todos esses corpos e implementos energéticos acima citados são resultado da transformação do fluido cósmico universal, para que o Espírito, princípio inteligente do universo, se manifeste e desenvolva, descobrindo-se filho de Deus, herdeiro da imensidão, senhor de si mesmo. Ao Espírito pertencem o comando e o direcionamento de todo esse aparato perfeitamente ordenado que, quando adoece, atesta o desequilíbrio profundo a requisitar o trabalho de autoburilamento e reequilíbrio perante as leis divinas.

No capítulo seguinte será estudada de forma um pouco mais aprofundada a função mental e sua atuação na saúde e na doença. ∎

---

51. Robson Pinheiro e Espírito Joseph Gleber, *Além da matéria*, cap. 12, pp. 94-95.

O Espírito, princípio inteligente do universo, manifesta-se e desenvolve-se, descobrindo-se filho de Deus, herdeiro da imensidão, senhor de si mesmo. Ao Espírito pertencem o comando e o direcionamento de todo o aparato energético perfeitamente ordenado que, quando adoece, atesta o desequilíbrio profundo a requisitar o trabalho de autoburilamento e reequilíbrio perante as leis divinas.

A ação do pensamento na saúde e na doença

"A mente é a usina diretora que transmite as ordens do Espírito e dirige a comunidade orgânica, produzindo células, substituindo tecidos e revitalizando ou recuperando sangue, ossos e membros. É, ainda, o poder mental o responsável pelas transformações do metabolismo humano, transferindo para o corpo físico todos os comandos provenientes do Espírito.
— Joseph Gleber

[Robson Pinheiro e Espírito Joseph Gleber, *Além da matéria*, cap. 6.]

O pensamento, ondas de energia sutil, emana da mente do Espírito que está localizada em região supracerebral, no corpo mental, não se limitando a uma secreção neuroquímica do cérebro físico, como acredita a fisiologia e a medicina terrena, embora necessite do aparato físico (órgãos específicos do sistema nervoso) para se manifestar na matéria. Ele verte continuamente da mente para os corpos inferiores, e irradia-se para todo o encéfalo a partir da glândula pineal ou epífise.

Segundo Emmanuel: "Assim como a aranha vive no centro da própria teia, o homem vive submerso nas criações do seu pensamento."[52]

Imagem muito feliz, pois o Espírito, pensando ininterruptamente, afeta com sua vibração peculiar o mundo em que vive, estabelecendo ligações com criaturas, circunstâncias e localidades, bem como edifica ou destrói o seu mundo íntimo, das células ao organismo, conforme elege a qualidade do que cultiva em seu campo mental e emocional. A aranha constrói a própria teia, que nasce dela, onde se locomove, captura insetos, interage com o ambiente e reside. Da mesma forma, o Espírito, pensando, cria e, criando, alimenta-se daquilo que elegeu para sua vida interior. Afirma Emmanuel:

> Pensar é criar. A realidade dessa criação pode não exteriorizar-se, de súbito, no capo dos efeitos transitórios, mas o objeto formado pelo poder mental vive no mundo íntimo, exigindo cuidados especiais para o esforço de continuidade ou extinção.[53]

Analisaremos a criação do pensamento inicialmente no mundo íntimo e, após, na realidade exterior, para compreendermos um

---

52. Francisco Cândido Xavier e Espírito Emmanuel, *Pão nosso*.
53. Idem, ibidem, p. 21.

pouco mais como o campo mental cria e controla a vida, como expressão do espírito imortal.

Ação do pensamento no controle celular

A respeito da ação do pensamento no campo infinitesimal, Emmanuel ensina que:

> O pensamento é o gerador dos infracorpúsculos ou das linhas de força do mundo subatômico, criador de correntes de bem ou mal, grandeza ou decadência, vida ou morte, segundo a vontade que o exterioriza e dirige.[54]

Compreende-se com isso que o pensamento atua na base da matéria, no mundo subatômico, influenciando seu funcionamento. O espaço subatômico é onde poderíamos localizar a zona de transição entre a matéria e o mundo astral, sendo a porção mais densificada desse último. Corpo astral e corpo físico conjugam-se intimamente. O pensamento, vertendo diretamente sobre o encéfalo, permeia igualmente as células do psicossoma e estende-se à sua contraparte física, afetando a fisiologia orgânica e criando os variados estados do mundo orgânico, conforme assevera André Luiz:

> (...) todos os estados especiais do mundo orgânico, inclusive o da renovação permanente das células, a prostração do sono, a paixão artística, o êxtase religioso e os transes mediúnicos são acalentados nos circuitos celulares por fermentações sutis, aí nascidas através de impulsos determinantes da mente, por ela convertidos, nos órgãos, em substâncias magnetoeletroquímicas, arremessadas de um tecido a outro, guardando a faculdade de interferir bruscamente nas

---

[54]. Francisco Cândido Xavier e Espírito Emmanuel, *Roteiro*, p. 56.

propriedades das moléculas ou de catalisar as reações desse ou daquele tipo, destinadas a garantir a ordem e a segurança da vida, na urdidura das ações biológicas.[55]

O organismo humano tem a célula como unidade básica, o tijolo do corpo. Células agrupam-se formando tecidos, os tecidos formam órgãos, os órgãos formam sistemas e os sistemas, o organismo. Na intimidade da célula encontramos o núcleo celular, onde se localiza o DNA, código genético que, sabe-se, rege a vida na intimidade orgânica. Do núcleo celular partem as ordens, os comandos para produção de todas as substâncias, que são fabricadas no citoplasma celular. O comando vem dos genes encontrados no DNA humano, mas a execução pertence ao citoplasma celular, que, segundo André Luiz, está diretamente ligado ao corpo espiritual:

> Os cromossomos, estruturados em grímulos infinitesimais de natureza fisiopsicossomática, partilham do corpo físico pelo núcleo da célula em que se mantêm e do corpo espiritual pelo citoplasma em que se implantam.[56]

André Luiz informa, também, que o pensamento atua influenciando e alterando a interpretação e a execução das ordens vindas do núcleo, por meio do que ele chamou de bióforos, unidades que atuam na intimidade celular e que sofrem a ação direta do pensamento:

> Portanto, como é fácil de sentir e apreender, o corpo herda naturalmente do corpo, segundo as disposições da mente que se ajusta a outras mentes, nos circuitos da afinidade, cabendo, pois, ao homem responsável reconhecer que a hereditariedade relativa mas compulsória

---

55. Francisco Cândido Xavier, Waldo Vieira e Espírito André Luiz, *Evolução em dois mundos*, p. 33.
56. Idem, ibidem, p. 26.

lhe talhará o corpo físico de que necessita em determinada encarnação, não lhe sendo possível alterar o plano de serviço que mereceu ou de que foi incumbido, segundo as suas aquisições e necessidades, mas pode, pela própria conduta feliz ou infeliz, acentuar ou esbater a coloração dos programas que lhe indicam a rota, através dos bióforos ou unidades de força psicossomática que atuam no citoplasma, projetando sobre as células e, consequentemente, sobre o corpo os estados da mente, que estará enobrecendo ou agravando a própria situação, de acordo com a sua escolha do bem ou do mal.[57]

O DNA representa a herança de cada um de seu passado espiritual, aquilo que é necessário ser trabalhado nessa encarnação ou que foi consequência imediata das escolhas do passado. É selecionado pelo ser reencarnante que elege (ou têm eleitas pelos Espíritos superiores que dirigem o processo reencarnatório) as necessidades espirituais mais prementes, as tendências biológicas que afetarão a vida do indivíduo de tal ou tal maneira, conforme as predisposições que o Espírito construiu para sua vida e, também segundo sua posição mental.

(...) interpretando os cromossomos à guisa de caracteres em que a mente inscreve, nos corpúsculos celulares que a servem, as disposições e os significados dos seus próprios destinos, caracteres que são constituídos pelos genes, como as linhas são formadas de pontos...[58]

Dessa forma, pode-se entender que o DNA representa o gerente da empresa, e o citoplasma, os funcionários dela, ambos trabalhando a serviço do dono e presidente da empresa, o espírito imortal.

---

57. Francisco Cândido Xavier, Waldo Vieira e Espírito André Luiz, *Evolução em dois mundos*, p. 30.
58. Idem, ibidem.

Acreditava-se que a célula funcionasse em regime ditatorial: o núcleo mandou, está mandado. Mas a ciência vem descobrindo, por meio da epigenética[59] (ramo da biologia que, dentre outros, estuda as moléculas que interferem na regulação do núcleo celular), que a realidade é outra. A célula comporta-se como uma democracia,[60] em que variadas condições do meio (nutrição, estresse, dentre outras), estudadas pela medicina, e do comportamento mental e moral, estudadas pela ciência espírita, controlam a expressão do genoma humano. No DNA estão as predisposições que serão ativadas, inibidas ou reforçadas, conforme o padrão mental, emocional e comportamental do Espírito ao longo da reencarnação, no que configura o seu livre-arbítrio. O DNA, expressando o carma, ou a lei de ação e reação, modifica-se definitivamente somente de uma reencarnação para outra, porém sua expressão sofre a regulação e potencialização da vontade do indivíduo que redefine a vida à medida que a vive. E aí temos uma das manifestações da misericórdia divina, deixando ao ser que viva não em regime de fatalidade, mas de ação e reação, em todos os instantes da vida.

> A fatalidade existe unicamente pela escolha que o Espírito fez, ao encarnar, desta ou daquela prova para sofrer. Escolhendo-a, institui para si uma espécie de destino, que é a consequência mesma da posição em que vem a achar-se colocado. Falo das provas físicas,

---

59. "O termo epigenética refere-se a todas as mudanças reversíveis e herdáveis no genoma funcional que não alteram a sequência de nucleotídeos do DNA. Inclui o estudo de como os padrões de expressão são passados para os descendentes; como ocorre a mudança de expressão espaço-temporal de genes durante a diferenciação de um tipo de célula e como fatores ambientais podem mudar a maneira como os genes são expressos." Fernanda Santos in "Epigenética".
60. Ver Bruce H. Lipton, *Biologia da crença*.

pois, pelo que toca às provas morais e às tentações, o Espírito, conservando o livre-arbítrio quanto ao bem e ao mal, é sempre senhor de ceder ou de resistir.[61]

O pensamento, jorrando continuamente da mente, atua na intimidade celular, por meio dos circuitos e sistema circulatório energético do organismo humano (chacras e nadis, conforme estudado no capítulo anterior), de forma a autorizar ou desautorizar continuamente os movimentos biológicos que a reencarnação apresenta. Exemplificando: se uma pessoa reencarna com uma tendência à drenagem energética e de algum conteúdo psíquico desarmônico, na forma de um câncer, aos quarenta anos de idade, conclamando-a ao reequilíbrio perante a vida, a sua consciência e as leis divinas, terá a oportunidade de, durante todo esse período, trabalhar em sua intimidade as circunstâncias que a levaram ao desequilíbrio, bem como suas tendências e características interiores, reequilibrando-se ou agravando a causa moral da patologia.

Dessa maneira, ao chegar à idade prevista, poderá ter confirmado sua predisposição, reforçando a necessidade pedagógica e rearmonizadora de um tumor maligno, ou ter amenizado sua experiência, tendo aprendido e se renovado por outros caminhos, atuando beneficamente em seu mundo celular, conectando-se ao amor que tudo renova, tornando assim sua necessidade de reequilíbrio mais branda, ou mesmo inexistente, dependendo da intensidade de suas conquistas. Por isso afirmou Pedro, sabiamente: "O amor cobre a multidão de pecados" (1Pd 4:7), o que André Luiz, no livro *Nos domínios da mediunidade*, traduziu como "a mente reanimada reergue as vidas microscópicas [células] que a servem".

---

61. Allan Kardec, *O livro dos Espíritos*, questão 851.

No entanto, caso a pessoa em questão tenha não só deixado de aprender por outros caminhos, mas agravado seu desequilíbrio psicofísico pela repetição das escolhas, pode, pelo mesmo mecanismo, tornar mais críticas suas características biológicas, complicando a saúde e determinando lições mais intensas da vida para seu despertamento e reequilíbrio.

Muitas situações, efetivamente, são determinadas de maneira inconteste desde o berço pela necessidade do Espírito, e nesse caso se incluem as doenças genéticas, congênitas e aquelas que surgem em tenra idade. Elas são fruto do movimento provacional, determinado pelo ser que as vive, ou pelo mundo espiritual superior a seu benefício e não podem ser modificadas em sua expressão física profunda, mas podem ser reguladas em seu campo de ação pela postura íntima daquele que a vive e dos que estão no entorno, como familiares e cuidadores, visto que os pensamentos presentes nos ambientes dos enfermos são absorvidos por estes, que também são influenciados pelos pensamentos que são projetados pelos seres que os amam ou não, de acordo com a intenção que os mova.

Saúde e doença, nessa perspectiva, são, portanto, frutos do somatório e balanço entre predisposição e necessidade, tendência e renovação, a serviço da educação espiritual do espírito imortal e seu consequente despertamento para o amor, síntese das leis divinas.

Pensamento e criações mentais

Do ponto de vista exterior ao Espírito, aprende-se com Kardec e os Espíritos superiores, em *O livro dos Espíritos*, que estamos rodeados, em nossa atmosfera espiritual, por um fluido básico, denominado fluido cósmico universal, e suas transformações (fluidos de variadas espécies).

Na *Revista Espírita*, Kardec ensina que:

> O pensamento e a vontade são para os Espíritos o que a mão é para o homem. Pelo pensamento, eles imprimem a esses fluidos tal ou tal direção; aglomeram-nos, combinam-nos ou os dispersam; com eles formam conjuntos tendo uma aparência, uma forma, uma cor determinada (...) Algumas vezes, essas transformações são o resultado de uma intenção; frequentemente, são o produto de um pensamento inconsciente; basta ao Espírito pensar numa coisa para que essa coisa se produza...[62]

O pensamento, sendo onda de energia sutil, em associação com o sentimento, plasma na realidade etérica a natureza dos interesses e preocupações do ser, seus sentimentos e fixações, na forma de criações mentais, formas-pensamentos, parasitas astrais, conforme a natureza da criação, que habitam em torno do seu foco de origem, fazendo com que cada indivíduo esteja permanentemente rodeado pela representação das coisas, objetos, pessoas, interesses e intenções que povoem o seu campo mental e sua vida íntima.

Todo pensamento se manifesta na aura humana como relâmpagos em uma tempestade, mas basta ao Espírito pensar fixamente e a criação mental forma-se no campo eletromagnético do ser. Essa criação será fortalecida pelo pensamento constante e vivificada pelo sentimento que a ela esteja associado. As emoções e sentimentos alimentarão a forma-pensamento, que ganhará vida temporária enquanto não se desgaste o combustível que a nutre. Mesmo tendo sido extinguido o pensamento que a deu origem, ela se manterá gravitando em torno do ser, vinculada ao seu mundo íntimo, até que seja destruída por ação magnética vinda do íntimo ou do exterior. Isto poderá se dar pela oração, pelo passe ou pela aplicação do magnetismo por algum Espírito amigo ou mesmo, dependendo da intensidade, por pensamentos de teor contrários que dissolvam a forma mental.

---

62. Allan Kardec, *Revista Espírita*, junho de 1868. p. 115.

Algumas criações são estruturadas de maneira tão intensas e durante tanto tempo da vida do indivíduo, que, no processo de renovação interior, uma vez tendo sido determinado pelo Espírito a modificação dos padrões mentais e emocionais, permanecem atuando de modo a dificultar o processo, pela contínua descarga mento-emocional na aura e no corpo físico do ser em processo de autoburilamento. Muitos interpretam essa realidade como a ação obsessiva daqueles que não desejam nosso amadurecimento interior e crescimento pessoal, mas na verdade se trata de processo auto-obsessivo que poderá se conjugar à pressão espiritual de nossos desafetos, que, muitas vezes, utilizam-se desse substrato mental disponível em torno de nós, para nos prejudicar. Esses Espíritos, conhecedores da ciência espírita, poderão intensificar a carga magnética dessas criações ou conjugá-las a muitas outras de igual teor, desde que encontrem ressonância na vibração do Espírito invigilante no processo de autodomínio, nos instantes em que este abra a guarda espiritual, permitindo-se aquilo que sabe não poder ou não dever dentro do processo do autoconhecimento. A atenção sempre contínua de nossos benfeitores espirituais, a serviço do bem e do amor, resguarda-nos de muitas dessas circunstâncias, minimizando o assédio, mas não nos isenta do esforço de autorrenovação e cura interior, imprescindível à evolução.

As criações mentais permanecem gravitando em torno das criaturas de tal forma que qualquer Espírito menos obnubilado espiritualmente que se aproxime, poderá perceber o teor das ocupações e interesses do ser, pelo halo energético, psíquico que irradia de cada um. Talvez por isso, Jesus tenha afirmado que "nada há oculto, que não haja de manifestar-se, nem escondido, que não venha a ser conhecido e revelado" (Lc 8:17), visto que não há como esconder do universo nossas criações mentais e emocionais.

Essas criações acumulam-se na aura humana e, se não são dispersas na natureza, absorvidas por outros seres ou desconstruídas por uma atuação mental de teor contrário, acabam por precipitar-se no campo eletromagnético do indivíduo e em sequência no corpo físico, gerando consequências de acordo com sua essência. Quando as criações são de teor negativo e precipitam-se, acabam por gerar doença variadas, conhecidas pela medicina como enfermidades psicossomáticas, conforme afirma Joseph Gleber:

> Os expurgos de formas-pensamentos ocorrem em decorrência da necessidade de saneamento das fontes da vida psíquica, e esse é um impositivo natural. Esse fenômeno de higiene mental acontece com a descida vibratória da matéria mental tóxica ou de nível inferior, que se condensa progressivamente. Processo que afeta as várias camadas da aura, perdura até que esse produto da viciação do pensamento seja absorvido pelo sistema nervoso ou haja penetrado na circulação sanguínea.[63]

Correntes mentais

André Luiz afirma que:

> Onde há pensamento há correntes mentais, e onde há correntes mentais existe associação. E toda associação é interdependência e influenciação recíproca.[64]

As formas-pensamentos que são criadas pela vida mental e são vitalizadas pelo sentimento, associam-se no universo àquelas de mesmo teor energético, vibratório, formando correntes mentais de acordo com sua natureza íntima. Assim como as ondas de rádio, televisão e telefonia, existem inúmeras correntes mentais

---

63. Robson Pinheiro e Espírito Joseph Gleber, *Além da matéria*, pp. 105 e 106.
64. Francisco Cândido Xavier e Espírito André Luiz, *Nos domínios da mediunidade*, p. 71.

e emocionais viajando na atmosfera espiritual do planeta, tantas quantas são as emoções e pensamentos predominantes na humanidade terrestre, localizando-se em cada comunidade as que forem criadas e estiverem em sintonia com o interesse coletivo daqueles que habitam aquela área.

Quando o ser pensa fixa e continuadamente em algo, cria, e criando vincula-se às correntes de mesma natureza, delas se retroalimentando, fortalecendo o teor vibratório íntimo, em sistema de *feedback*.

Emmanuel esclarece, sinteticamente, o poder de criação mental da criatura e sua vinculação ao universo, a partir das decisões íntimas, palavras, pensamentos e ações:

> Desejando, sentes.
> Sentindo, pensas.
> Pensando, realizas.
> Realizando, atrais.
> Atraindo, refletes.
> E, refletindo, estendes a própria influência, acrescida dos fatores de indução do grupo com que te afinas.[65]

Todas as criaturas são estações receptoras e emissoras que se sintonizam com aquilo que elegem e cultivam em seu mundo interior. Estamos naturalmente vinculados a lugares, pessoas, energias e realidades que reflitam nossa natureza. Recebemos influência e emitimos, continuamente.

Marlene Nobre, citando André Luiz, diz que:

---

65. Francisco Cândido Xavier e Espírito Emmanuel, *Seara dos médiuns*, p. 17.

Uma vez emitidos, os pensamentos voltam inevitavelmente ao próprio emissor, de forma a envolver o ser humano em suas próprias ondas de criações mentais, e, muitas vezes, podem estar acrescidos dos produtos de outros seres, que com eles se harmonizam.[66]

Essa vinculação às correntes mentais e o retorno do pensamento à fonte emissora apresenta-se de forma automática, natural no dia a dia de encarnados e desencarnados, mesmo inconscientemente, conforme ensinou Kardec. Porém se torna ainda mais complexa quando envolve situações e intenções conscientes, segundo explica André Luiz:

> Ora, sabendo que o bem é expansão da luz e que o mal é condensação da sombra, quando nos transviamos na crueldade para com os outros, nossos pensamentos, ondas de energia sutil, de passagem pelos lugares e criaturas, situações e coisas que nos afetam a memória, agem e reagem sobre si mesmos, em circuito fechado, e trazem-nos, assim, de volta, as sensações desagradáveis, hauridas ao contato de nossas obras infelizes.[67]

A medicina atual explica que ao se relembrar determinado fato tem-se a produção neuroquímica cerebral compatível com o ato, como se ele ocorresse naquele mesmo instante, configurando verdadeiramente um ressentimento da circunstância feliz ou infeliz vivenciada. E André Luiz afirma que mesmo ao relembrar, revisita-se energeticamente os lugares, criaturas, situações e coisas ligadas ao fato, conectando-se a elas e recebendo delas seu teor energético particular.

---

66. Marlene Nobre, *A alma da matéria*, p. 11.
67. Francisco Cândido Xavier e Espírito André Luiz, *Ação e reação*, p. 32.

Baseado nessa consciência, Emmanuel adverte:

> Nosso espírito residirá onde projetarmos nossos pensamentos, alicerces vivos do bem e do mal. Por isto mesmo, dizia Paulo, sabiamente: — "Pensai nas coisas que são de cima."[68]

Todo esse retorno energético, sendo reabsorvido por sintonia pelo espírito, visita a intimidade celular dele, determinando harmonia ou desarmonia, saúde ou doença conforme a natureza da vibração.

Parasitas astrais

As correntes mentais de natureza inferior, distantes da vibração harmônica do amor, vivem alimentadas pelos sentimentos de ódio, vingança, maldade, inveja, dentre outros que são expressões da alma em perturbação interior.

O Espírito Ângelo Inácio apresenta essa realidade em uma visita na parte astral de um grande centro urbano:

> Vimos uma fina camada de algo que mais parecia uma rede, tecida em material do plano astral semelhante a fios de nylon, com coloração dourada. Com mais atenção ainda, vimos que o material se espalhava por uma área imensa da cidade ou daquele bairro onde estávamos.[69]

---

68. Francisco Cândido Xavier e Espírito Emmanuel, *Pão nosso*, p. 183.
69. Robson Pinheiro e Espírito Ângelo Inácio, *Legião*, pp. 45 e 46.

Tratava-se de uma criação mental coletiva, de natureza inferior que, pairando sob o bairro, parasitava energeticamente, com sua irradiação magnética, à semelhança de tentáculos, todos aqueles que entravam em sintonia com seu teor vibratório. Estes tinham sua energia vital sugada, alimentando a criação mental, enquanto recebiam seu teor energético nocivo e deletério, que aumentava as emoções, sentimentos e pensamentos de natureza afim, agravando os conflitos internos e afetando negativamente a saúde dos indivíduos.

Todo ambiente tem a sua criação mental peculiar, de acordo com o somatório dos interesses daqueles que ali frequentam, convivem e trabalham:

> Uma assembleia é um foco onde irradiam pensamentos diversos; é como uma orquestra, um coro de pensamentos onde cada um produz a sua nota. Disto resulta uma porção de correntes e de eflúvios fluídicos dos quais cada um recebe a impressão dos sons pelo sentido da audição.[70]

Ângelo Inácio apresenta essa realidade falando do ambiente de saunas, igrejas e outras localidades, e exortando a cada um a selecionar onde frequentar, quando, como e com quem, visto que o ser alimenta-se psíquica e energeticamente daquilo que excita o seu interesse. Essa alimentação não só atua no mundo físico, mas entra em ressonância com os núcleos em potenciação do psiquismo de mesmo teor, onde estão registradas vivências, traumas, prazeres e desejos que se encontram adormecidos ou sob relativo controle, e os ativam, trazendo-os à vida consciente do indivíduo na forma de estímulos, impulsos, pensamentos ou sentimentos, determinando quadros de auto-obsessão mais ou menos intensos conforme a natureza da alimentação energética.

---

70. Allan Kardec, *Revista Espírita*, dezembro de 1864, p. 234.

Isso se dá de forma automática, sem que se preste a atenção devida na relação de causa e efeito, mas ocorre igualmente no processo de busca da cura interior. Imagine um indivíduo que lute por se libertar de pensamentos lascivos obsessivos e que deseja imprimir à sua vida um novo direcionamento no uso das energias sexuais. Se essa pessoa se alimentar de programas eróticos, publicações de igual teor ou conteúdo virtual de natureza semelhante, entrará em sintonia com criações e correntes mentais, formas-pensamentos e individualidades afins, o que determinará o fortalecimento dos núcleos adoecidos do psiquismo que necessitam ser curados e que deveriam sê-los por meio do fortalecimento dos núcleos sadios do psiquismo de teor contrário. Sábia e científica, portanto, a recomendação evangélica do "vigiai e orai para não cairdes em tentação" (Mt 26:41).

Ângelo Inácio descreve, ainda, a realidade dos parasitas astrais. Visitando um hospital de grande porte em uma metrópole, ele narra:

> Estávamos agora em um hospital, um pronto-socorro municipal (...) diversos indivíduos, que exalavam odores desagradáveis pareciam atrair formas mentais assemelhadas a aranhas, que andavam sobre seus corpos e, em determinado momento, inseriam pequenos ferrões nos corpos de suas vítimas, como se injetassem algum veneno nelas.[71]

Essas aranhas observadas no ambiente astral do hospital são criações mentais nocivas que têm essa forma em razão da influência do inconsciente coletivo, que fornece os modelos de repugnância e medo daquela comunidade, formatando as formas-pensamentos compatíveis com esses sentimentos e que são atraídas para aqueles que possuem padrão mental semelhante. No caso, os doentes afetados mantinham-se em atitude mental de rebeldia, inconformação e revolta interior, atraindo para si as formas mentais em sintonia

---

71. Robson Pinheiro e Espírito Ângelo Inácio, *Legião*, p. 60.

com esse estado do pensamento e do sentimento. Do mesmo modo, quando se alimenta de esperança, paz, otimismo e alegria, o homem conecta-se com as correntes mentais dessa natureza, haurindo delas a força para a continuidade desse estado e a manutenção da paz interior.

A prece, recurso psíquico de autodefesa mental, energética e emocional, como manifestação do desejo de contato com o alto, com as correntes superiores de luz e de paz, é a força mais poderosa do universo. Não só alimenta a fé, a "confiança nas coisas que se esperam e a certeza das que não se veem" (Hb 11:1), conforme asseverou Paulo, como nutre as matrizes mentais superiores, os pensamentos que conectam o ser com a fonte, determinando a conexão com o belo e o bem e auxiliando o indivíduo na produção de criações e correntes mentais que o sustentam nos caminhos do equilíbrio e da paz.

Criações mentais superiores e saúde

Baseado em todo esse conhecimento da ciência espírita, pode-se concluir que Jesus legou à humanidade elevado código científico de saúde e harmonia quando afirmou que ele, expressão do amor, é o caminho, a verdade e a vida, exortando ao perdão incondicional. A mágoa, como nódoa energética interior, símbolo das fragilidades feridas do ser em contato com o mundo, e a postura e o desejo de vingança representam sintonia e conexão com criaturas e criações mentais deletérias, que tornam mais tênue a nossa conexão com o Pai e afastam-nos da paz de consciência tão desejada.

O perdão, em contrapartida, sendo uma decisão pela paz, uma postura de humildade do ser no reconhecimento de suas necessidades íntimas, fragilidades e desafios, suscetibilidades e carências, beneficia primeiramente a si mesmo, conectando quem perdoa à fonte e às criações mentais sublimes que o elevam e dão centramento na caminhada da vida. O perdão será estudado mais detidamente em outro capítulo.

Tendo em vista o poder do pensamento, em conexão com as emoções e o sentimento, dos quais não há como se dissociar, percebe-se que cada Espírito é senhor de si mesmo, construtor de seu destino e de sua realidade física, energética e espiritual, escolhendo a cada instante ao que se liga ou desliga, conforme elege o que pensa e cultiva em sua intimidade. Renovar as matrizes mentais, tantas vezes já comprometidas com o reflexo do passado espiritual, pelos caminhos no desamor, apresenta-se como a necessidade urgente de todo filho de Deus que constata e deseja assumir a sua felicidade como responsabilidade pessoal e intransferível. Para isso são necessárias disciplina e perseverança. Afirma Emmanuel:

> Renovar pensamentos não é tão fácil como parece à primeira vista. Demanda muita capacidade de renúncia e profunda dominação de si mesmo, qualidades que o homem não consegue alcançar sem trabalho e sacrifício do coração.[72]

O amor, longe de ser apenas um símbolo religioso, converte-se em uma verdade científica à luz da ciência espírita, apresentando-se como o caminho mais fácil, curto e menos dispendioso para a paz e a felicidade, a construção do reino de Deus em nós.

Disse Jesus:

> Vinde a mim todos vós que estais cansados e oprimidos que vos aliviarei. Tomai sobre vós o meu jugo, e aprendei de mim, que sou manso e humilde de coração, e encontrareis descanso para a vossa alma. Porque o meu jugo é suave, e o meu fardo é leve. (Mt 11:28–30)

---

72. Francisco Cândido Xavier e Espírito Emmanuel, *Pão nosso*, p. 21.

Pensar amorosamente, conectado à compaixão e à ternura divina, manifestações da misericórdia do senhor, é o caminho para a vitalização da alma e a conexão com o bem, construtores de saúde física e espiritual.

Sintetiza Emmanuel, com sua sabedoria peculiar:

> O nosso pensamento cria a vida que procuramos, através do reflexo de nós mesmos, até que nos identifiquemos, um dia, no curso dos milênios, com a Sabedoria Infinita e com o Infinito Amor, que constituem o pensamento e a Vida de Nosso Pai.[73] ∎

---

[73]. Francisco Cândido Xavier e Espírito Emmanuel, *Pensamento e vida*, p. 3.

Pensar amorosamente, conectado à compaixão e à ternura divina, manifestações da misericórdia do senhor, é o caminho para a vitalização da alma e a conexão com o bem, construtores de saúde física e espiritual.

A cura segundo Jesus

> "E percorria Jesus toda a Galileia, ensinando nas suas sinagogas, e pregando o evangelho do reino, e curando todas as enfermidades e moléstias no meio do povo...
> — Mateus, 4:23

Se analisarmos a postura terapêutica do Cristo e suas curas, encontraremos farto material simbólico e arquetípico a nos direcionar o pensamento e o sentimento para a consciência de nosso papel cocriador e autocurativo.

Analisaremos cinco curas, de forma integrada, propondo uma visão possível dentre as inúmeras sugeridas pela ação crística.

O cego de Jericó (Mc 10:46-52)

Narra o evangelista Marcos que Jesus passava pela cidade de Jericó, acompanhado por grande multidão, quando um cego que mendigava à beira do caminho, de nome Bartimeu, o filho de Timeu, ouvindo que a turba se aproximava e que o Messias nazareno se encontrava dentre eles, começou a clamar: "Jesus, filho de Davi, tem misericórdia de mim."

Mendigos são todos aqueles que não reconhecem suas capacidades, sua beleza e colocam-se na vida esperando que as respostas, que a felicidade venha do outro, como a migalha de esmola em resposta à piedade provocada por sua postura de vítima e refém de uma situação aparentemente imutável.

O cego Bartimeu é um símbolo da negação do poder pessoal. Negação essa que pode ter sido ocasionada por traumas, dores, ignorância, mas que em todas as medidas representa o afastamento do ser de si mesmo...

Ele clamava em altos brados e de tal forma que os que acompanhavam Jesus advertiram-no para que não molestasse o Mestre. No entanto, algo em sua intimidade o advertia que era chegado o instante de despertamento espiritual, que o amadurecimento havia sido concretizado e que seu coração não desejava mais depender daquilo que viesse de fora. Ele queria sentir-se igual, lutar pela sua felicidade, pela sua saúde, e via no Mestre nazareno a presença divina que o haveria de auxiliar nesse intento. Ele, então, clama sem cessar até que o Mestre, parando, manda que ele venha ter com ele.

Interessante a postura de Jesus. Ele estava rodeado por uma multidão que o espremia e apertava, no entanto ele ouve o chamado de Bartimeu. Nesse momento, Jesus representa a misericórdia divina, o amor do Pai, disponível 24 horas por dia para justos e injustos, incondicionalmente, e que atende às súplicas honestas a ele dirigidas. Ele não vai até o cego, não se compadece do mendigo à maneira habitual, acreditando-lhe necessitado eterno. Jesus ordena que Bartimeu, mesmo cego, levante-se e vá ter com Ele, que se encontra no meio da multidão. Se Jesus fosse até ele, fortaleceria em sua alma o sentimento de incapacidade, intensificando-lhe o adoecimento.

Narra o evangelista que Bartimeu, lançando de si a capa, levanta-se e vai ter com Jesus. A capa é o símbolo de tudo aquilo que encobre o ser real, as inúmeras máscaras que são utilizadas pelo ser para se relacionar, conviver, e que podem ser mais ou menos compatíveis com sua verdade interior, essencial. O filho de Timeu, esquecendo-se de suas ilusórias limitações, levanta-se, mostra-se tal qual é, resgatando sua espontaneidade e naturalidade ao influxo da palavra do Mestre, e busca Jesus. Importante observação para todos aqueles que vivem a vida à semelhança do mendigo de Jericó, à espera da migalha alheia na forma de afeto, atenção, consideração e valor pessoal, sem conhecer as próprias capacidades e belezas, sem encarar a sua possibilidade de enfrentar a multidão dos seus desafios pessoais com otimismo e confiança em si mesmo e na vida.

Tomar a iniciativa de buscar a Jesus é imprescindível atitude no caminho de reequilíbrio, pois o Cristo representa as leis divinas, a moral e a ética cósmica, transpessoal, capaz de nortear, como uma bússola segura, a nau que ameaça soçobrar nos mares da existência em busca de porto firme... Não o Jesus das religiões, simbolizado numa personalidade que necessita ser adorada e reverenciada, mas o Cristo de Deus, o arquétipo do amor, representado pelas virtudes divinas e que pode se manifestar e expressar em variados caminhos religiosos ou personalidades sublimadas que O representem.

Interessante fazermos aqui um parêntese para salientar a observação do Espírito Bezerra de Menezes sobre o papel da casa espírita:

> O núcleo espiritista deve sair do patamar de templo de crenças e assumir sua feição de escola capacitadora de virtudes e formação do homem de bem, independentemente de fazer ou não com que seus transeuntes se tornem espíritas e assumam designação religiosa formal.
>
> Temos que promover as Casas, de posto de socorro e alívio a núcleo de renovação social e humana, através do incentivo ao desenvolvimento de valores éticos e nobres capazes de gerar a transformação. Para isso só há um caminho: a educação.[74]

Importa levar o homem a conhecer Jesus pelas atitudes, na prática do ideal cristão, na postura do homem de bem.

Quando Bartimeu alcança Jesus, o divino pedagogo, conhecedor profundo da alma humana, questiona-lhe: "Que queres que te faça?" Certamente que o Cristo, enviado celeste, sabia o que tinha para oferecer, mas torna-se essencial a consciência do processo àquele que busca a cura. Jesus questiona-lhe: "Dentre tudo aquilo que tenho a lhe ofertar, que queres receber?" Bartimeu tinha desejos, expectativas, visões que foram validadas pelo Mestre quando lhe questionou a que veio e o que desejava Dele. E o filho de Timeu, tocado em sua alma pela sabedoria e maturidade, respondeu-Lhe: "Senhor, que eu veja"… Que eu possa enxergar os caminhos da vida por onde minhas pernas haverão de trilhar, por onde haverei de buscar a minha felicidade e a minha alegria, a realização de minha alma… Que eu veja os roteiros de luz que Tu tens para me indicar, a fim de que possa restabelecer a minha autoestima e sedimentar a minha confiança na rocha firme das convicções profundas que me direcionem para a autossustentação e a autogerência com dignidade e eficácia na busca pela felicidade… Que eu possa ler na história

---

74. Wanderley Oliveira e Espírito Bezerra de Menezes, *Seara bendita*, p. 353.

de minha vida as lições de crescimento e aprendizado, a fim de que não venha novamente a ignorar a minha grandeza íntima... E as vistas de Bartimeu abrem-se por ordem de Jesus, que afirma a ele que a sua fé o havia salvado, o seu amadurecimento o havia libertado.

Jesus representa o eterno amor de Deus disponibilizado para as criaturas, incondicionalmente, à espera de que estas possam usufruir desse estímulo e sustento divino na conquista de si mesmas.

O paralítico da piscina de Betesda (Jo 5:1-15)

Jesus continua sua caminhada e é encontrado agora na varanda do templo de Jerusalém, à beira do tanque de Betesda, ou piscina das ovelhas, como era conhecido aquele tanque, situado no templo de Jerusalém, cujas propriedades da água, acreditava-se, eram milagrosas. De tempos em tempos, um anjo viria do alto a balançar as águas e o primeiro que lá dentro se atirasse seria curado de suas enfermidades. E essa crença era de tal forma arraigada naquele povo que uma multidão se acotovelava naquelas paragens aguardando por um milagre. Assim também é a humanidade atual, que acredita que as respostas para seus dramas e a cura para as doenças do corpo e da alma virão exclusivamente de fora, da ciência, da psicologia ou da religião, e aguardam imóveis a solução miraculosa que as liberte de seu sofrimento e de seu vazio interior.

Narra o evangelista João que, naquele local, estava um homem que há 38 anos jazia enfermo, deitado sobre um catre, aguardando a cura de sua enfermidade. Jesus, em nova postura terapêutica, não aguarda seu pedido, não o conclama a vir até ele, mas reconhecendo a circunstância educativa em que o homem se inseria, vai até ele e chama-lhe pelo nome dizendo: "Queres ficar são?" O paralítico, ainda mergulhado na parcial ilusão de sua dependência, mas certamente já amadurecido pelos anos de enfermidade e reflexão, responde a Jesus que esse era seu desejo, mas tão logo o anjo balançava as águas da piscina, outro se atirava à sua frente e ele não conseguia a cura almejada. Vigora, ainda hoje, na humanidade a crença de que a cura, a felicidade e a realização são frutos de disputa e que uma vez o outro a tendo conquistado, não há espaço para conquistas semelhantes, ou mesmo que as haja, a disputa, a inveja e a comparação destroem as melhores aspirações... O patamar alcançado de saúde ou felicidade parecem insuficientes, e o ser lança-se em uma corrida desesperada pela superação do outro, esquecendo-se de superar-se a si mesmo.

Questão 716 de *O livro dos Espíritos*:

> Mediante a organização que nos deu, não traçou a Natureza o limite das nossas necessidades?
>
> — Sem dúvida, mas o homem é insaciável. Por meio da organização que lhe deu, a Natureza lhe traçou o limite das necessidades; porém, os vícios lhe alteraram a constituição e lhe criaram necessidades que não são reais.[75]

Jesus, sobrepondo-se à ilusão na alma do doente, chama-lhe à ordem e ao equilíbrio determinando, com seu magnetismo vigoroso, que ele se levantasse, tomasse a sua cama e andasse. A paralisia é curada e o homem tem seus membros, dantes atrofiados, rejuvenescidos e agora vigorosos para caminhar pela vida com liberdade e consciência de seu papel e dever perante si mesmo, o outro e Deus. Jesus manda que ele tome a sua cama, pois ela havia sido o leito de seu amadurecimento, o símbolo de seu sofrimento regenerador, de sua história espiritual. Aquele homem deveria caminhar em frente levando consigo a maturidade haurida no contato com o sofrimento, para que pudesse dar novo impulso à sua vida. Mas seria útil igualmente levar o leito, pois se a repetição dos padrões da alma que determinaram o adoecimento se mantivessem, ele talvez necessitasse do leito novamente em nova instância educativa.

---

75. Allan Kardec, *O livro dos Espíritos*.

Cabe-nos aqui fazer a observação de que o caminho de evolução por excelência é o amor. O sofrimento, embora promova progresso, quando bem aproveitado, não é o caminho que deve ser o de escolha. Ele não promove o progresso pelo simples fato de existir. Aquele que sofre evolui pelo aprendizado e não pelo fato de sofrer. O sofrimento é expiação, consequência natural da desconexão com a lei divina. Ele somente se apresenta quando o amor não encontra campo propício para sua ação, quando há distonia em relação à lei, por escolha e determinação consciente do ser espiritual.

Na sequência da narrativa, no templo, local dedicado à adoração ao Pai, Jesus encontra o ex-paralítico, curado desde a ação do Mestre. Percebendo o homem em adoração íntima e verdadeira, Jesus presenteia-o e a todos com a lição magistral: "eis que já estás são [pois que reconectado ao criador]; não tornes a pecar para que não te suceda algo pior". (Jo 5:14)

O pecado entrou para a história como uma agressão a Deus e às suas vontades, na visão das igrejas tradicionais cristãs, passível de punição e castigo. A grande maioria da humanidade cristã mantém essa visão e trata a religião como um código de conduta exterior que não tem ressonância com o íntimo. Isso porque, assim como as crianças escondem-se do pai que as pode punir, também o homem, desejoso de fruir a alegria e a felicidade, tendo uma visão punitiva de Deus, tenta Dele se apartar, gerando a enfermidade fundamental, quando se sente em desacordo com o que mandam as tradições religiosas de sua crença. Contudo, conforme afirma santo Agostinho, já mencionado:

> Como o homem é a imagem de Deus, encontra-O, como num espelho, na intimidade de sua alma; afastar-se de Deus é como extrair as próprias entranhas, esvaziar-se e ser cada vez menos; quando o homem, em troca, entra em si mesmo, descobre a Divindade.[76]

---

76. Apud Julián Marías, *História da filosofia*, p. 127.

O pecado, assim como exprimido por Jesus, segundo estudiosos, tinha sentido bem diferente do que entendemos hoje. A palavra hebraica que o originou, traduzida para o grego, segundo o teólogo Jean Yves Leloup, dizia-se *hamartía*, que "em sentido literal significa: perder o eixo, o centro, visar ao largo, ao lado, estar fora do alvo ou errar o alvo".[77]

Assim como Ele advertiu a mulher considerada adúltera (Jo 8:3-11), mostrando-lhe a ausência de julgamento exterior e integrando-a na posse consciente de sua experiência de vida, para que fosse e não pecasse mais, Ele advertiu ao ex-paralítico da piscina e à toda a humanidade para que, diante dos insucessos dos caminhos evolutivos, o ser não se deixe dominar pela culpa, pelo orgulho e pelo desânimo, recomeçando sempre a busca pela cura de sua alma e o encontro da paz.

Há dois movimentos reacionais perante a consciência dos erros que devem ser diferenciados: o arrependimento e a culpa. O arrependimento é filho da humildade, nascido da consciência de responsabilidade conectada à constatação da humanidade fundamental de toda criatura, da consciência de que a vida se estrutura em erros e acertos contínuos, e que o progresso se faz por meio das experimentações. Saber e sabor, no português, têm a mesma raiz etimológica. Conhece-se aquilo que se experimenta, que se vive, que se extrai dos erros e acertos de cada dia, embora não seja necessário experimentar-se de tudo para conquistar aprendizado. A experimentação do outro também influencia aqueles que o observam, transmitindo um outro nível de conhecimento.

Já a culpa, na feição do remorso, é filha do orgulho, que determina interiormente a autopunição e que não permite ao ser o recomeço, o reencontro consigo mesmo. É uma postura desnecessária e indesejável. Conforme assevera o Espírito Hammed:

A culpa não encontraria abrigo em nossa alma, se tivéssemos uma

---

[77]. Jean Yves Leloup, *O romance de Maria Madalena*, p. 158.

ampla fé no amor de Deus por nós e se acreditássemos que Ele habita em nosso âmago e sabe que somos tão bons e adequados quanto permite nosso grau de conhecimento e de entendimento sobre nossa vida interior e também exterior.[78]

Ao ex-paralítico, Jesus pareceu querer dizer que agora que suas pernas estavam reabilitadas e seu coração entregue ao Senhor, que ele redimensionasse seus objetivos, propósitos e instrumentos para alcançar os alvos destinados pelo seu interesse e coração, na conquista da felicidade permanente em sua alma. Sem culpas, sem medos, sem amarras, mas com coragem, que literalmente significa "agir com o coração". E para fazer isso, reconectar-se consigo mesmo, com sua vontade, ele haveria de aproveitar todo o aprendizado daqueles 38 anos de enfermidade, renovando-se na "água e no espírito".

Percebe-se aqui que o olhar restabelecido no cego de Jericó tem a continuidade nas pernas revitalizadas na piscina de Betesda. Mas Jesus prossegue e não para por aí...

Os dez leprosos (Lc 17:11-19)

O Cristo encontra-se agora diante de dez leprosos, os portadores antigos do mal de Hansen da atualidade, infecção bacteriana pelo *Mycobacterium leprae*, que naquela época era desconhecido.

Essa patologia caracteriza-se por afetar predominantemente o sistema nervoso e tegumentar (pele e camadas mais superficiais), gerando lesões de grande impacto e sofrimento, nas fases mais avançadas da doença, com perda de sensibilidade e parte dos membros (dedos, nariz, dentre outros).

Sem acesso à real compreensão da moléstia, os portadores da lepra eram discriminados e estigmatizados pela sociedade, que os

---

78. Francisco do Espírito Santo Neto e Espírito Hammed, *As dores da alma*, cap. "Culpa".

considerava impuros e os proscrevia em sociedades isoladas da comunidade majoritária, nos chamados vales dos leprosos, onde sofriam na solidão e no quase total abandono com o avanço da doença. Aqueles doentes observavam Jesus de longe, sem coragem de se aproximarem, seguindo os preceitos sociais da época.

O Mestre, em nova postura terapêutica, vendo-os, compadece-se e manda que eles se dirijam ao sacerdote e a ele se apresentem. Mandava a lei mosaica que quando um leproso fosse curado pelo poder divino, que ele devia apresentar-se ao sacerdote para que fosse considerado purificado e pudesse reinserir-se na sociedade de origem. Enquanto se dirigiam para o templo, ficaram curados e maravilharam-se disso. Dos dez, apenas um retornou a agradecer ao Senhor e a bendizer-Lhe a intervenção divina. Jesus, vendo-o, questionou: "Não foram dez os curados? Onde estão os outros nove?" E sem aguardar resposta disse: "Vai, a tua fé te curou."

Embora a intervenção do alto dê-se indistintamente, poucos são aqueles que cogitam de cura real e aproveitam das divinas concessões para purificar a alma nos caminhos da vida. O amor de Deus, disponível a justos e injustos, testemunha aquilo que Jesus afirmou, ao repetir as palavras do profeta Oseias: "misericórdia quero, e não sacrifício" (Os 6:6 e Mt 9:13). A hanseníase, nesse contexto, simboliza tudo aquilo que isola e afasta o homem do convívio sadio com os seus, com a sociedade de que faz parte, no cumprimento de seu papel e sua missão.

A pele é símbolo da troca, do afeto. É o que limita o ser e o separa do outro, mas também é a fonte da sensibilidade e da percepção e interação com o meio, bem como o sistema nervoso representa a fonte de orientação e ação, o guia e controlador do corpo.

Nessa interpretação, os hansenianos daquela época simbolizam a doença da separatividade, do isolamento, do preconceito e discriminação, em todas as formas que ela se apresente. Curando-os, Jesus convida a toda a sociedade a se reinserir no seu papel co-criador, a curar as relações que são a fonte da vida e restabelecer-se na expressão da sensibilidade e do afeto inerentes às almas que se conectam com a fonte de compaixão, ternura e misericórdia que emana do Pai.

Interessante ressaltar que o papel do verdadeiro espírita ou do verdadeiro cristão é exatamente dar o testemunho social da mensagem que esposa, com coerência entre seus valores e sua prática, suas ideias e ações.

> Reconhece-se o verdadeiro espírita pela sua transformação moral e pelos esforços que emprega para domar suas inclinações más.[79]

> Que importa crer na existência dos Espíritos, se essa crença não faz que aquele que a tem se torne melhor, mais benigno e indulgente para com os seus semelhantes, mais humilde paciente na adversidade? De que serve ao avarento ser espírita, se continua avarento; ao orgulhoso, se se conserva cheio de si; ao invejoso, se permanece dominado pela inveja?[80]

O espírita ou cristão devem ser fermento que "leveda a massa", elemento que promove a transformação do meio em que se encontra, seja a família, o trabalho, a sociedade, a casa espírita, a relação a dois, por meio da sua efetiva renovação moral. Emmanuel afirma que "a palavra esclarece, o exemplo arrasta".

> Se é espírita apenas por simpatizar-se com os princípios da filosofia espírita, e com eles ajustar a sua conduta.[81]

Diante do olhar curado de Bartimeu, para enxergar a vida, das pernas restabelecidas do paralítico da piscina de Betesda, para caminhar pela vida, Jesus direciona os passos da humanidade e convida o candidato à cura real do espírito a assumir seu papel social

---

79. Allan Kardec, *O Evangelho segundo o espiritismo*, cap. XVII, item 4.
80. Idem, *O livro dos médiuns*, item 350.
81. Idem, *Obras póstumas*, p. 313.

como um digno representante de Deus, como um ser consciente que implementa ações transformadoras pelo afeto, que foca nas relações investido de alteridade verdadeira e que busca a sua realização na capacidade de interagir ofertando o seu melhor.

O endemoniado gadareno (Mt 8:28-34)

Jesus prossegue o seu caminho e agora situa-se na região de Gadara, a encontrar os enfermos que estavam possessos e viviam nos sepulcros, tomados por uma legião de Espíritos que com eles se afinizavam e entravam em sintonia.
O livro dos Espíritos, questão 459:

> Os Espíritos influem sobre os nossos pensamentos e as nossas ações?
> — A esse respeito sua influência é maior do que credes porque, frequentemente, são eles que vos dirigem.

A obsessão é definida pela doutrina espírita como uma "influência pertinaz de um Espírito sobre o outro",[82] e pode ir de uma simples influenciação até a perda completa do controle e dominação do outro. Só é estabelecida quando há sintonia de propósitos e vontades, união de sentimentos e pensamentos afins.
O livro dos Espíritos, questão 466:

> (...) quando as más influências agem sobre ti é que as atrais pelo desejo do mal, porque os Espíritos inferiores vêm em tua ajuda no mal quando tens vontade de praticá-lo. Eles não podem te ajudar no mal senão quando queres o mal (...)

[82.] Idem, *O livro dos médiuns*, cap. XXIII.

Afinidade significa semelhança de gostos e tendências; sintonia é a concordância na ação. Há que haver as duas para o estabelecimento da obsessão, que representa um controle de uma vontade sobre a outra, por aceitação e permissão, muitas vezes inconsciente... Atraímos sem o saber aqueles que sentem e pensam de forma semelhante a nós, por lei natural de atração magnética.

A possessão, ou subjugação, é o domínio completo, físico e moral, de um Espírito sobre o outro, o que muitas vezes foi interpretado como possessão demoníaca pelas religiões tradicionais. Na visão espírita, o demônio, como ser voltado eternamente para o mal, não existe. O que existe são Espíritos enfermos, desconectados de sua natureza divina, em franca atitude de rebeldia, desejando fazer a própria lei e executá-la, sem submissão à superioridade e à sabedoria divina. Obsessor e obsediado são enfermos necessitados e amados por Deus, merecedores de todo o apoio e auxílio para a libertação do sofrimento e da ignorância que demonstram. Ambos são escravos da obsessão e permanecem jungidos psíquica e emocionalmente uns aos outros, em regime de simbiose doentia de amplas repercussões.

A possessão, em termos simbólicos, pode representar também a cisão interna, a divisão, a perda da unidade do ser desconectado de si mesmo, de sua realidade fundamental. As possessões podem ter por causa ilusões de orgulho, poder, grandeza e luxúria, e situações nas quais o ser esteja com "o diabo no corpo", ou seja, cindidos, dominados, abrindo espaço para possessões exteriores.

Jesus, em postura terapêutica singular, dirige a palavra ao Espírito que comandava o enfermo questionando-lhe o nome. Ele responde: "Meu nome é Legião, porque somos muitos" (Mc 5:1–14). Jesus chama-o assim à consciência de sua identidade, visto que o nome é o que nos caracteriza a personalidade efêmera, porém representativa de nossa singularidade.

A libertação da obsessão é fenômeno individual, fruto de esforço e renovação moral. Há que se conectar à fonte do amor a fim de haurir energias e recursos efetivos de autossuperação:

Em todos os casos de obsessão, a prece é o mais poderoso meio de que se dispõe para demover de seus propósitos maléficos o obsessor.[83]

O livro dos Espíritos, questão 467:

Pode-se se libertar da influência dos Espíritos que nos solicitam ao mal?

— Sim, porque eles não se ligam senão aos que os solicitam por seus desejos ou os atraem por seus pensamentos.

Questão 475:

Pode-se, por si mesmo, afastar os maus Espíritos e se libertar de sua dominação?

— Pode-se sempre sacudir um jugo quando se tem vontade firme.[84]

Questão 468:

Os Espíritos cuja influência é repelida pela vontade, renunciam às suas tentativas?

— Que queres tu que eles façam? Quando não há nada a fazer, eles cedem o lugar; entretanto aguardam o momento favorável, como o gato à espreita do rato.

Há casos, no entanto, conforme esclarece Allan Kardec em *O livro dos médiuns*, como por exemplo a subjugação,[85] em que são necessários recursos magnéticos externos para a libertação dos indivíduos envolvidos no processo, de um e outro lado da vida. A

---

83. Allan Kardec, *A gênese*, item 46.
84. Ver questões 909 e 911 de *O livro dos Espíritos* sobre a vontade.
85. Subjugação é o domínio total de um Espírito sobre o outro, física ou moralmente, obrigando o dominado a fazer coisas contrariamente à sua vontade. Ver: Allan Kardec, *O livro dos médiuns*, item 240.

cooperação mútua em sociedade é um dever de fraternidade que a lei divina nos impõe e que Jesus consolidou dizendo-nos irmãos ao chamar Deus de Pai na oração do "Pai Nosso".

Jesus, conhecedor dessa realidade, já tendo feito Seu chamado à individualidade, não perde tempo com o mal e a ignorância. Apesar dos protestos dos Espíritos temporariamente trevosos, liberta o enfermo que havia cedido a sua vontade à dominação da vontade alheia, pela concordância e aceitação dos pensamentos, ações e sentimentos inspirados, deixando à legião de Espíritos transviados no mal a companhia da manada de porcos, símbolo da queda moral, que, perturbada pela vibração adoecida daqueles seres, agita-se, precipitando-se no mar.

A possessão, representando o estágio máximo do fenômeno obsessivo, simboliza a letargia espiritual, a rebeldia e a dor de estar apartado do bem e da paz. Chama-nos Jesus a atenção para a consequência do afastamento do bem e a intensidade de desequilíbrio a que se arroja o ser quando se desvia do amor e dos esforços por conquistá-lo. O mal, assim como a sombra, não tem existência real, não se sustenta no universo, e desaparece ao raiar o dia na alma do filho de Deus que deseja reencontrar-se e assumir seu destino com consciência e integridade.

A liberdade relativa dada por Deus aos homens limita-se na escolha dos mecanismos de amor e de amar, visto que só há liberdade verdadeira para o bem. Quando o ser transvia-se na maldade ou na crueldade para consigo mesmo ou para com o semelhante, a vida aciona mecanismos automáticos de retorno ao equilíbrio, fazendo a separação do joio e do trigo, ainda que por meio da dor.

Jesus simboliza nessa passagem a intervenção misericordiosa de Deus pondo termo ao conluio de mentes e vontades adoecidas pelo afastamento do bem. Libertando o endemoniado gadareno, o Cristo convida a humanidade esclarecida a exercer a sua liberdade para o usufruto dos dons divinos, no exercício da criatividade elevada para o belo e para o bem, a serviço da educação espiritual do ser humano.

O homem que enxerga os caminhos pelo olhar de Bartimeu, que caminha nas pernas do paralítico da piscina de Betesda, a caminho da inserção social necessária e profícua, que se insere em sociedade com sensibilidade e ação, é agora individualizado na edificação da identidade sagrada e única do filho de Deus que desperta para seguir louvando ao Senhor em seus testemunhos diários.

A cura da mão mirrada (Lc 6:6-11)

Finalmente, o evangelista Lucas apresenta a cena em que o Mestre, em dia de sábado, encontra-se no templo a louvar a Deus. Desejoso de dar uma lição importante à hipocrisia religiosa dominante naquela época e em todas as épocas, que proibia o trabalho em dia sagrado, cura o jovem que tinha a mão mirrada dizendo "abra-te", e ela se abriu.

Feliz é a alma que se encontra no reconhecimento da grandeza do senhor e identifica-se com ela, louvando a Deus em toda parte. Mas Jesus testemunha que mais feliz ainda são aqueles que, adorando ao Senhor, não se circunscrevem à adoração dos lábios e das atitudes inúteis, fazendo da sua comunhão com o Pai um exercício de fé, vitalidade e amor prático a serviço do semelhante, a serviço do alívio da dor humana e do cultivo do otimismo e da esperança nos corações necessitados.

Abrindo a mão do jovem no templo, o Senhor sintetiza a proposta de cura do evangelho sugerindo-nos que o adorador de Deus abre as mãos na direção do seu irmão, para servir, estabelecendo ligações, conectando as almas e sentindo a todos como família irmanada em Deus, nosso Pai.

Cura integral

Enxergar, caminhar, interagir e integrar, individualizar e finalmente servir, eis a síntese luminosa da proposta de cura da alma expressa no evangelho para o filho pródigo que retorna à casa paterna, em busca de aconchego, trabalho e consideração. "Vai, a tua fé te curou"[86] representa o coroamento de um trabalho longo de autoburilamento, autoconsciência e superação pessoal na direção do alvo sagrado da renovação de alma para a felicidade almejada. O amparo divino não escasseia em nenhum tempo e em nenhuma época, sendo abundante fonte de nutrição e consolo, estímulo e sustento na caminhada de todo filho de Deus.

Ecoa ainda hoje a mensagem do Cristo aos apóstolos, diante das dificuldades e limitações da jornada a afirmar: "eis que estarei até o fim convosco" (Mt 20:20); "Aquele que perseverar até o fim será salvo" (Mt 24:13), dando-nos a exata noção da responsabilidade que nos é devida e da misericórdia que nos é concedida diuturnamente.

O espiritismo, como ciência do espírito, convida o ser à individualização com Jesus, na transformação do homem velho em homem novo, vitalizado pela revelação da boa nova e pelas vibrações do amor. Como consequência desse movimento de cura interior, nasce o homem de bem, que vencendo as suas dores interiores, parceiras ainda presentes no atual estágio de saúde possível ao homem da Terra, mostra-se comprometido com o coletivo, com a utilidade geral, consciente de si mesmo e conectado à fonte suprema, bebendo da fonte sagrada da inspiração superior e atento ao questionamento do mestre aos discípulos despertos para as verdades superiores da vida: "(…) e tu [diante do conhecimento e da cura que construíste e conquistaste], que fazeis de especial?" (Mt 5:47) ■

---

86. Esta frase é repetida por Jesus frequentemente. Em Lucas, 8:48, o Mestre usa-a mais uma vez, dirigindo-se à mulher que se curou do fluxo de sangue após lhe tocar com fé a barra do vestido.

O espiritismo, como ciência do espírito, convida o ser à individualização com Jesus, na transformação do homem velho em homem novo, vitalizado pela revelação da boa nova e pelas vibrações do amor. Como consequência desse movimento de cura interior, nasce o homem de bem.

Educação para a saúde

> "Apenas o doente convertido em médico de si mesmo atinge a cura positiva.
> — André Luiz

[Francisco Cândido Xavier e Espírito André Luiz, *Missionários da luz*, p. 196.]

Sendo a saúde e a doença construções do espírito imortal, a doutrina espírita, na qualidade de ciência e filosofia, fornece os elementos educativos essenciais para a profilaxia das enfermidades da alma e a construção ou reconquista da saúde do corpo e da alma.

Esclarece Allan Kardec:

> O espiritismo é ao mesmo tempo uma ciência de observação e uma doutrina filosófica. Como ciência prática, ele consiste nas relações que se podem estabelecer com os Espíritos; como filosofia, ele compreende todas as consequências morais que decorrem dessas relações.
>
> Pode-se defini-lo assim:
>
> O espiritismo é uma ciência que trata da natureza, da origem e da destinação dos Espíritos, e das suas relações com o mundo corporal.[87]
>
> O espiritismo é uma doutrina filosófica de efeitos religiosos, como qualquer filosofia espiritualista, pelo que forçosamente vai ter às bases fundamentais de todas as religiões: Deus, a alma e a vida futura.[88]

O espiritismo, como ciência, nasce da observação atenta do pedagogo Rivail, mais tarde conhecido como Allan Kardec, que retira das manifestações espirituais os elementos que formariam as bases da doutrina espírita. Não houve pré-concepção, estabelecimento de teorias que foram comprovadas pela prática, mas exatamente o oposto. Da prática e da observação dos fatos extraíram-se as teorias.

O conhecimento espírita origina-se da informação trazida por inúmeros Espíritos acerca da real condição e situação deles no mundo espírita, da felicidade ou infelicidade decorrente de suas escolhas na vida terrena, da paz interior ou do tormento íntimo a refletir-se no ambiente e a criar a realidade astral que os envolve, dentre inúmeros outros fatos e situações. Dos testemunhos, eram extraídos os conhecimentos que os Espíritos orientadores vinham

---

[87]. Allan Kardec, *O que é o espiritismo*, p. 1.
[88]. Idem, *Obras póstumas*, p. 313.

corroborar ou ampliar com suas instruções. A doutrina nasce de um processo educacional, pelas mãos e pelo raciocínio de um pedagogo, inspirado e orientado pelos educadores espirituais do mundo maior, a serviço de Jesus.

Façamos um ligeiro paralelo com a filosofia.

No livro *A república*,[89] Platão conta o "Mito da caverna", no diálogo entre Sócrates e Glauco. O filósofo relata a história de uma comunidade que geração após geração vive em uma caverna subterrânea, com os indivíduos presos ao solo, acorrentados pelos pés e pelos pescoços, sem poderem virar-se, tendo atrás de si um foco de luz (fogo) que cria uma sombra na parede ao fundo da caverna. Por trás do fogo, um monte escarpado e uma parede separam a caverna do mundo exterior. Do lado de fora, homens passam carregando objetos que representam a vida (figuras de homens, animais, dentre outros). Os indivíduos, noite e dia permanecem voltados para o fundo da caverna, observando as sombras projetadas e o eco das conversas dos homens exteriores, que reverbera e retorna dando a impressão de que vêm das sombras nas paredes. Dessa forma, sem poderem voltar a cabeça para outro lado senão a frente, creem que a realidade é o que se apresenta na parede.

Sócrates propõe que um desses homens se liberte e seja obrigado a voltar-se para a fonte da luz. Inicialmente ofuscado pela realidade, não vê o que se passa em verdade do lado de fora, mas pouco a pouco se acostuma e passa a divisar as figuras reais que as sombras na caverna deixavam adivinhar. Maravilha-se e nega-se, então, a retornar à realidade sombria em que vivia, pois que descobrira a luz. Mas desejando que outros conheçam essa realidade, retorna e é ridicularizado por aqueles que têm os pés e as cabeças atadas, sem poderem mover-se por conta própria e sem admitirem outra coisa que não seja o que seus olhos podem contemplar.

Platão atesta, pelas palavras de Sócrates, que a realidade está além daquilo que é percebido comumente pelos sentidos humanos.

---

89. Platão, *A república*, livro VII, pp. 287–291.

A grande maioria da humanidade relaciona-se apenas com as sombras, as representações da realidade, sem entrar na posse do conhecimento real, que via de regra é ignorado pela massa e acessível somente àqueles que fazem o esforço pessoal de se libertar dos grilhões da matéria, elevando ao alto os olhos na busca da luz do conhecimento e da sabedoria.

> Entrai pela estreita, porque larga é a porta da perdição e espaçoso o caminho que a ela conduz, e muitos são os que por ela entram. Quão pequena é a porta da vida! Quão apertado o caminho que a ela conduz! E quão poucos a encontram! (Mt, 7:13-14)

O espiritismo fornece ao ser subsídios para o entendimento de sua natureza real, a partir do retorno do mundo espiritual daqueles que, tendo feito a passagem, vêm relatar sua desdita ou alegrias conforme tenham usado bem ou mal da liberdade para a prática de bem, durante a vida terrena. Em *O céu e o inferno*, Allan Kardec apresenta mais de 60 comunicações de Espíritos de variadas categorias a relatarem sua condição íntima e exterior no mundo dos Espíritos, conforme suas escolhas e ações terrenas.

O espiritismo fornece o conhecimento da realidade do Espírito e sua íntima relação com a matéria, os efeitos morais de seus atos na vida presente e na vida futura, e oferece os recursos de instrução e educação para que o ser saiba exercer o livre-arbítrio com consciência.

Para a conquista da saúde, não apresenta regras exteriores, mas estimula as criaturas no exercício da prece sincera, na prática do bem, na vigilância de pensamentos, palavras e ações, para que expressem o ideal de renovação e crescimento que o ser almeja, bem como o estudo que o liberte da prisão na caverna.

O objetivo do estudo e da prática espírita é a formação de livres-pensadores conectados com o bem e sintonizados com o autoamor e o holoamor, sínteses da cura.

> O espiritismo é uma doutrina que não cerceia a liberdade de ninguém. Ela promove a expansão consciencial do filho de Deus que deseja evoluir, assumindo o uso responsável e consciente da liberdade de um espírito imortal.[90]

O espiritismo orienta-nos a imitar o gesto sábio de Jesus promovendo a virtude ao invés de reforçar a sombra. Joseph Gleber, em *O homem sadio*, afirma que "O papel do homem nunca deve ser o de enfatizar a doença, mas o de conquistar os recursos da sanidade."[91]

A educação para a saúde deve centrar-se no estímulo às conquistas das potências da alma, tais como a fé, a intuição, a bondade, o perdão, a sabedoria, o conhecimento e o amor, entre outras.

A esse respeito afirmou Platão:

> A educação é, portanto, a arte que se propõe este fim, a conversão da alma, e que procura os meios mais fáceis de operá-la; ela não consiste em dar a vista ao órgão da alma, pois que este já o possui; mas como ele está mal disposto e não olha para onde deveria, a educação se esforça por levá-lo à boa direção.[92]

O processo educacional promove, por meio de conhecimentos e de vivências, o encontro com a verdade que liberta, particularizada na experiência pessoal de cada um, sintonizado com a verdade universal que é o amor. O homem, por herança divina, já possui "os órgãos da alma", é um ser completo, embrionário, que a educação faz desenvolver, como o casulo liberta da lagarta a borboleta adormecida.

Os trabalhos terapêuticos devem ser nesse sentido, portanto, aliviando sempre, mas esclarecendo e educando para que o alívio

---

90. Um Espírito amigo, psicografia de Andrei Moreira, AMEMG.
91. Roberto Lúcio e Alcione Albuquerque, *O homem sadio*, p. 45.
92. Platão, *A república*, v. 2, p. 111.

dos sintomas físicos, emocionais e mentais não se converta em paliativo inútil e apenas temporário, mantendo a doença original.

Jesus nunca realçou a doença de cada um daqueles que curou, antes afirmou a força, a capacidade, a beleza e a grandiosidade simples e humilde que havia nos corações sofridos de todos que o buscaram, o que fez com que eles reconhecessem e despertassem essa força dentro de si.

Quando a mulher considerada adúltera estava ameaçada, Jesus expulsou os condenadores, não a condenou, amando-a e abastecendo a alma dela com um novo sentido e significado na busca do amor. Quando Pedro negou-O por três vezes, Jesus o olhou nos olhos reforçando nele a confiança de que ele era pedra, e sobre ele seria erguida a igreja nascente, e assim o foi. Quando Maria de Magdala O encontrou na casa de Pedro, viu em Seus olhos o amor que não arde, antes aquece o coração, longe do preconceito e das limitações da sociedade patriarcal e machista da época, valorizando-a em sua vivência feminina, dignificando-a. Perante a mulher no poço de Jacó, o Cristo não ofertou crítica à sua condição, antes a convidou a beber da água que tinha a oferecer, para que se fizesse fonte da água da vida, que saciasse a sua sede e a das multidões...

O pedagogo francês Hippolyte Léon Denizard Rivail esclarece que:

> A educação é a arte de formar os homens; isto é, a arte de fazer eclodir neles os germes da virtude e abafar os do vício; de desenvolver sua inteligência e de lhes dar instrução própria à suas necessidades; enfim, de formar o corpo e de lhe dar força e saúde. Numa palavra, a meta da educação consiste no desenvolvimento simultâneo das faculdades morais, físicas e intelectuais. Eis o que todos repetem, mas o que não se pratica...[93]

---

93. Hippolyte Léon Denizard Rivail, *Plano proposto para a melhoria da educação pública*, Paris, 1828.

A conversão da alma dá-se de forma gradual, paulatina, sem violência, respeitando-se os estágios de saúde de cada um, qual as árvores semelhantes de um mesmo jardim, que apesar de trazerem em si o mesmo material genético, florescem e frutificam ao seu tempo e à sua maneira, alimentando-se do solo generoso do amor divino, de onde brota a seiva nutriente que desperta a vida interior.

"Eu vim para que tenham vida e a tenham em abundância." (Jo 10:10)

Para que esse processo de educação para a saúde seja efetivo nos trabalhos terapêuticos variados a que nos vinculamos, é necessário compreender o papel do médico ou do terapeuta como curador. ∎

A educação para a saúde deve centrar-se no estímulo às conquistas das potências da alma, tais como a fé, a intuição, a bondade, o perdão, a sabedoria, o conhecimento e o amor.

O médico ou o terapeuta como curador

"O papel do agente de cura não é curar. Em lugar disso, ele fortalece a pessoa, permitindo que ela conquiste a cura. Os agentes de cura são guias poderosos, mas passivos. Sua função é favorecer as capacidades autocurativas, a autopercepção, o amor-próprio e a autoexpressão do indivíduo. É proporcionar confiança, amor e presença para aquele que está sendo curado...
— Richard Carlson e Benjamin Shield
[*Curar, curar-se*, p. 134.]

Ao profissional de saúde, sobretudo o médico espírita, cabe estimular o paciente em um processo curativo real, de alma, compreendendo o papel que deve desempenhar em favor da cura do outro e o papel que o tratamento e a cura do outro desempenha em favor da própria cura interior do profissional.

> Não compete ao médico dar sentido à vida de seus pacientes, mas certamente compete ao médico acompanhar e estimular o paciente no encontro de seus sentidos e significados de vida.[94]

Compete ao profissional auxiliar o doente no encontro dos porquês e para quês da vida, seja ofertando a instrução técnica que esclareça a conduta, seja alimentando a esperança, o ânimo e a confiança, seja auxiliando o indivíduo a elaborar sua história, experiência de vida e escolhas, dentro do limite de suas capacidades.

O processo terapêutico consiste em uma viagem ao interior do coração do ser humano, em busca de seus significados profundos, a fim de encontrar a fonte. São necessárias confiança, honestidade, empatia e paciência para ser um processo de cura efetivo, pois compete ao indivíduo encontrar em si os recursos autocurativos, auxiliado pela presença e pela parceria do terapeuta que o estimula e direciona nesse processo.

Para isso, o médico deverá ser um estudioso da alma humana.

Não se justificam encaminhamentos para psicólogos e psiquiatras de tantas condições emocionais de simples e média complexidade que deveriam ser da competência de abordagem de qualquer profissional de saúde de nível superior, sobretudo do médico que trabalha com o corpo, o qual não funciona como um carro que ao estragar retira-se uma peça ou troca-se outra e resolve-se o problema. O corpo é como uma televisão, mostrando em sinais e sintomas as imagens da história do paciente, da novela de sua vida, de suas vidas sucessivas, de suas escolhas e decisões...

---

94. Michael Ballint, *O médico, seu paciente e a doença*.

Ao terapeuta compete ler os sinais que se expressam no corpo e auxiliar o indivíduo a decodificá-los, segundo suas percepções, ampliando sempre o nível de consciência de si mesmo e de conexão com seu eu essencial, sua parte sábia, o ser divino que há em si, o médico interior capaz de cura:

> Cada paciente leva seu próprio médico dentro de si. Este paciente nos procura sem saber dessa verdade. O melhor que fazemos é dar ao médico que reside dentro de cada paciente a chance de trabalhar.[95]

O acompanhamento médico, centrado nos princípios da longitudinalidade do cuidado e integralidade é de grande importância e de profunda repercussão no estado de saúde do indivíduo, requerendo do profissional competência e dedicação. Naturalmente, este só conseguirá auxiliar aquele que o busca se estiver habituado à introspecção sadia, no autoconhecimento e domínio de si mesmo, ao estudo constante e à ampliação de saberes e capacidades técnicas e pessoais que obtenha no contato com a diversidade humana e a multiplicidade das ciências e dos saberes. Em suma, se estiver habituado ao exercício do desenvolvimento pessoal contínuo e progressivo na conquista da sabedoria e do amor.

Diz o Dr. Edward Bach:

> (...) o médico do futuro terá dois objetivos principais; o primeiro será o de ajudar o paciente a alcançar um conhecimento de si mesmo e apontar-lhe os erros fundamentais que ele possa estar cometendo, as deficiências de seu caráter que ele teria que corrigir e os defeitos em sua natureza que têm de ser erradicados e substituídos por virtudes correspondentes. Esse médico terá de ser um grande estudioso das leis que governam a humanidade e a própria natureza humana, de modo que possa reconhecer em todos os que a ele acorrem os elementos que estão causando conflito entre a alma e a personalidade.

---

95. Texto atribuído a Albert Schweitzer.

Tem que ser capaz de aconselhar o paciente de como restabelecer melhor a harmonia requerida, que ações contra a unidade deve deixar de praticar e que virtudes necessárias deve desenvolver para eliminar seus defeitos.

Cada caso necessitará de um minucioso estudo, e só os que dedicaram grande parte de sua vida ao conhecimento da humanidade em cujos corações arde a vontade de ajudar, serão capazes de empreender com sucesso essa gloriosa e divina obra em favor da humanidade, abrir os olhos daquele que sofre, iluminá-lo quanto à razão de sua existência e inspirar-lhe esperança, consolo e fé que lhe capacitem dominar sua enfermidade.[96]

Sob o prisma da imortalidade da alma e da reencarnação, consoante a doutrina espírita, o trabalho terapêutico é uma via de mão dupla em que ambos são tratados, terapeuta e paciente, cada um em sua área de necessidade, guardados os diferentes papéis que lhes cumprem executar nesse processo.

Trata-se de um processo terapêutico de Espírito para Espírito, em que muitas vezes o profissional vê o paciente por poucas horas ou consultas, competindo a ele intervir com amorosidade e eficácia técnica, de forma a imprimir no coração daquele que está paciente o norte terapêutico que o permita caminhar com segurança em direção à cura.

O cerne do trabalho terapêutico consiste em estimular o indivíduo no caminho do autoconhecimento, da autoaceitação, da autoconfiança e da autoexpressão. Esse último consiste no desenvolvimento da congruência interna entre pensamento e fala, valores e ação, que se desenvolve a partir do contato com a essência.

A grande maioria da humanidade encontra-se longe desse contato real consigo mesma, como ser imortal que é, e por isso são tão frequentes as manifestações de Espíritos assustados com a realidade espiritual que lhes devolve de forma real o fruto de seus plantios.

---

96. Edward Bach, *Os remédios florais do Dr. Bach*, p. 50.

Importante, pois, esclarecer o homem a respeito das leis divinas, como propõe o espiritismo, mas fundamental levar-lhe à experimentação o contato com o divino, a partir da experiência amorosa.

> O local destinado ao atendimento deve ultrapassar as limitações das paredes do consultório e atingir as infinitas instalações do coração, símbolo do sentimento.[97]

Certa feita, ao final de uma reunião mediúnica de desobsessão da AMEMG, realizada no Hospital Espírita André Luiz, um Espírito amigo chamou a atenção de todos para o efeito da prece ao final do atendimento fraterno aos Espíritos enfermos que se apresentavam. Dizia ele que se deveria permitir que todos os Espíritos atendidos sentissem o efeito benéfico da prece, pois que ela tinha duplo efeito:

> A oração, neste momento grave, tem duplo efeito: aliviar e beneficiar o indivíduo, mas também propiciar a oportunidade de sentir-se amado, respeitado e acolhido pelo Pai, que é o anseio infinito de cada filho da criação.
> Não basta o respeito dos componentes da reunião ou de Espíritos que orientam a tarefa, é necessária para a renovação e a sensibilização da vontade firme a experiência do amor do Pai, que pode ser proporcionada nesse instante de oração enquanto o ser ainda tem a oportunidade de sentir a repercussão vibratória da fé, da confiança e da entrega do médium e orientador ao Senhor de todas as coisas, ao Qual compete a regeneração de cada filho, por ser Ele que possui a competência e a sabedoria infinita para tal.[98]

---

97. Roberto Lúcio e Alcione Albuquerque, *O homem sadio*, texto de Homero, p. 26.
98. Um Espírito amigo, psicografia de Andrei Moreira, abril de 2010.

O processo terapêutico, em atendimento aos Espíritos sofredores, de qualquer natureza e o atendimento nos consultórios seguem os mesmos princípios de respeito, valorização do lado sadio de toda criatura e a propiciação da experiência amorosa na relação, para que o ser se reconecte consigo mesmo e, por consequência, com Deus.

O amor como instrumento terapêutico

O amor é o instrumento terapêutico por excelência. Bernie Siegel, célebre oncologista norte-americano, diz:

> Para mim, o cerne do trabalho terapêutico consiste em ensinar as pessoas a sentirem e a expressarem o amor. E isso, descobri, depende da minha capacidade de amá-las e de demonstrar-lhes que são dignas de serem amadas...[99]

O amor não é ensinado ou cultivado na prática médica das universidades. Pelo contrário, ensina-se que o profissional deve manter distância do paciente, sem se identificar com ele, criando barreiras. No entanto, a prática clínica e a fala dos abalizados terapeutas da modernidade têm mostrado que o processo terapêutico necessita, essencialmente, da empatia e da compaixão, que desperte em ambos o melhor de suas naturezas, na relação. A esse respeito, o socialmente engajado médico americano Patch Adams esclarece:

---

[99]. Richard Carlson e Benjamin Shield, *Curar, curar-se*, texto de Bernie Siegel, p. 19.

> Precisamos deixar de idolatrar a ambição e o poder, e passar a valorizar a compaixão e a generosidade. A cobiça e o poder destruíram a profissão médica em toda parte. (...) Temos é que fazer do amor a base do nosso sistema de valores.[100]

O médico espiritual André Luiz acrescenta, sintetizando:

> O médico do porvir não circunscreverá sua ação profissional ao simples fornecimento de indicações técnicas, dirigindo-se, muito mais, nos trabalhos curativos, às providências espirituais, onde o amor cristão represente o maior papel.[101]

Lembro-me, com muita alegria, de uma médica antroposófica, Dra. Elizabeth Fonseca Pinto, que conheci em minha cidade, Belo Horizonte, em torno do ano 2000, em uma época em que eu somatizava os conflitos do final da adolescência na forma de sinusites e outras enfermidades psicossomáticas. O que me chamou a atenção na sua atuação não foram somente as consultas calmas e atenciosas nem a prescrição competente que teve grande eficácia, mas o sentimento que eu tinha ao sair daquelas consultas. Foram duas ou três somente, mas até hoje lembro-me da alegria que eu sentia quando me olhava no espelho ao final da consulta e um sentimento legítimo de autoamor envolvia-me naquele momento. Até hoje fico perguntando-me: o que ela fazia de tão especial para que eu sentisse aquilo? E a resposta, simples, que encontrei é: ela me acolheu. Simplesmente foi competente, compassiva e empática. Amorosa, ajudou-me a encontrar meus porquês e para quês naquela época sem que precisasse me dizê-los e reforçou em meu coração o movimento autocurativo que eu esforçava por imprimir à minha vida...

---

100. Patch Adams, entrevista à revista *Galileu*, 2005.
101. Francisco Cândido Xavier e Espírito André Luiz, *Missionários da luz*, pp. 176–179.

Para que o terapeuta cumpra esse papel, deve estar inteiro na relação, consciente do que tem a oferecer, disposto a construir uma relação de ajuda autêntica.

Carl Rogers, eminente psicólogo americano, ensina:

> Nos primeiros anos de minha carreira profissional, eu me fazia a pergunta: Como posso tratar ou curar, ou mudar essa pessoa? Agora eu me enunciaria a questão dessa maneira: Como posso proporcionar uma relação que essa pessoa possa utilizar para seu próprio crescimento pessoal?[102]

A relação de ajuda envolvendo empatia, confiança, honestidade, parceria e corresponsabilização é capaz de promover um ambiente favorável ao contato do indivíduo com o melhor que há em si, com a guiança interior, a sabedoria inata que promove a cura. O terapeuta é o parceiro que vai junto na caminhada de autoencontro, instrução e fornecimento de sinalizações e indicações técnicas (medicações, orientações, procedimentos, dentre outros) capazes de estimular o ser no desenvolvimento do poder pessoal, no reconhecimento de sua capacidade e possibilidade de cura.

Na maioria das vezes, o paciente está imerso em sua dor e na momentânea falta de percepção do contexto de vida ou até mesmo parcialmente consciente, porém desesperado pela aparente impossibilidade de resolução das questões físicas ou dos conflitos que se somatizam. Até que a pessoa tome consciência de sua capacidade, enfrenta longos e sofridos processos de adoecimento e angústia, que, se bem conduzidos, podem guiar o ser à autodescoberta e ao desenvolvimento de recursos fundamentais para o autodomínio e o equacionamento dos problemas existenciais.

---

102. Carl Rogers, *Tornar-se pessoa*.

O terapeuta deve ser acolhedor, por excelência, e capaz de guiar o indivíduo por entre as sombras de si mesmo, nas noites da existência, ao encontro da luz do alvorecer, que sempre chega, instrumentalizando-lhe para ser, cada vez mais, consciente e senhor de si mesmo.

Dra. Rachel Remen, autora de um curso para o resgate do sentido sagrado da prática médica, em San Francisco, EUA, conta o relato de uma infectologista que participou de seu curso:

> Tenho muitos conhecimentos sobre a AIDS, mas o que quero é ser um colo para meus pacientes, um lugar de abrigo onde eles possam enfrentar o que for preciso e onde não estejam sós.[103]

A cura do terapeuta

À medida que se tratam os pacientes, os terapeutas são tratados de suas próprias enfermidades físicas e morais. O profissional é tão necessitado quanto o doente, e muitas vezes mais, pois além do adoecimento tem a arrogância e a prepotência favorecidas pela formação médica atual. Grande parte dos profissionais acreditam-se autossuficientes e capazes de tratarem-se a si mesmos sem auxílio, sem buscar ajuda.

Pesquisa[104] realizada em 2008 no Brasil, pelo Conselho Federal de Medicina, informa que 44% dos médicos brasileiros, dentre os 7 700 que responderam à pesquisa, são portadores de distúrbios psíquicos, média superior à da população em geral e de causalidade múltipla. O que nos interessa aqui é a constatação de que o processo terapêutico é bilateral.

---

[103] Rachel Remem, *As bênçãos de meu avô*.
[104] Genário Alves Barbosa et alli (coords.), *A saúde dos médicos no Brasil*.

Diz Joseph Gleber:

> O médico entenderá que a insanidade do paciente, a se refletir na harmonia do todo, pede-lhe concurso e dedicação, sem a qual não conseguirá o seu próprio "estágio de saúde".[105]

À luz da reencarnação, todos que são terapeutas na atualidade o são por misericórdia de Jesus, que os ofertou a oportunidade de trabalhar pela sua melhoria moral, pela sua sensibilização para com as dores e a necessidade do outro e a consequente reparação das faltas perpetradas contra si mesmos e o próximo, no passado espiritual, para a pacificação de suas consciências. A experiência atual, ofertando a oportunidade de serviço ao semelhante, auxilia os terapeutas a conectarem-se com o amor, em suas múltiplas variantes, como a atenção, o cuidado e a compaixão, elementos essenciais de cura interior.

Ensina Leonardo Boff:

> Cuidar das coisas implica ter intimidade, senti-las dentro, acolhê-las, respeitá-las, dar-lhes sossego e repouso. Cuidar é entrar em sintonia com, auscultar-lhes o ritmo e afinar-se com ele. Este modo de ser-no-mundo, na forma de cuidado, permite ao ser humano viver a experiência fundamental do valor, daquilo que tem importância e definitivamente conta. A partir desse valor substantivo emerge a dimensão de alteridade, de respeito, de sacralidade, de reciprocidade e de complementaridade.[106]

---

[105] Roberto Lúcio e Alcione Albuquerque, *O homem sadio*, p. 45.
[106] Leonardo Boff, *Saber cuidar: ética do humano – compaixão pela Terra*.

Com relação à atitude perante o paciente, como no caso acima citado, será útil ao profissional compreender que sua postura, fala e sobretudo vibração são os potentes recursos terapêuticos, capazes de marcar o doente e influenciá-lo em direção à saúde e à cura, pela contaminação emocional e psíquica. Afirmava Paracelso:

> A medicina não é somente uma ciência, mas também uma arte. Ela não consiste em compor pílulas, emplastros e drogas de todas as espécies; trata, ao contrário, dos processos da vida, que devem ser compreendidos antes de serem orientados. (...) o caráter do médico pode atuar mais poderosamente do que todas as drogas empregadas.[107]

Michael Ballint, famoso psicólogo, estudioso da relação médico-paciente, afirma, desde a década de 1950, que:

> O remédio mais frequentemente usado na clínica é o próprio médico.

E complementa:

> não importa o frasco de remédio ou a caixa de pílulas, mas o modo como o médico os oferece ao paciente – em suma, toda a atmosfera na qual a substância é administrada e recebida.[108]

O espaço do atendimento deve ser preparado com sacralidade, utilizando-se a oração, o cuidado estético e, quando possível, a música ambiente calma que ajude o paciente e o terapeuta a relaxarem e realizarem a introspecção necessária ao processo terapêutico.

---

[107]. Paracelso apud Paulo Henrique de Figueiredo, *Mesmer, a ciência negada e os textos escondidos*.
[108]. Michael Ballint, *O médico, o paciente e a doença*.

A oração, antecedendo o atendimento, é recurso fundamental de sintonia com o alto e auxilia no preparo do ambiente, atraindo os Espíritos que vibram na frequência do amor e que auxiliam no trabalho terapêutico, seja inspirando os pacientes e profissionais, ou protegendo o espaço espiritual do consultório ou hospital contra possíveis investidas dos Espíritos contrários à proposta terapêutica.

Afirma Joseph Gleber:

> Quando o profissional da saúde, médicos, enfermeiros ou outros terapeutas que trabalham para a melhora do homem são dotados de certo senso moral ou conhecimento espiritual, torna-se fácil captar as correntes mentais superiores e a natural quão eficaz interferência dos prepostos do Cristo, no auxílio ao ser humano. Desta forma, pode-se elevar a Medicina terrena, ou as diversas terapias existentes, ao grau de sacerdócio, tornando assim, os trabalhadores encarnados, juntamente conosco, seus irmãos desencarnados, em auxiliares da divina sabedoria no serviço do equilíbrio e da harmonia universal.[109]

Técnicas terapêuticas úteis na prática clínica

No livro *O homem sadio*,[110] os orientadores espirituais da AMEMG indicam algumas técnicas terapêuticas úteis a serem utilizadas na prática da medicina da alma:

1. Estímulo à busca do máximo de conhecimento por parte do profissional. "Examinai tudo, retende o bem." (Paulo de Tarso, 1Ts 5:21)
2. Não são novas técnicas que renovarão o trabalho, mas sim a forma de sua aplicação.

---

109. Robson Pinheiro e Espírito Joseph Gleber, *Medicina da alma*, pp. 37–38.
110. Roberto Lúcio e Alcione Albuquerque, *O homem sadio*, caps. 11–14.

3. Escuta atenta e inclusiva dos diversos aspectos da queixa do sujeito: biopsicossócio e espiritual. (ver anexo 2)

Pesquisas modernas revelam que o médico interrompe a fala de seu paciente, em média, 18 a 23 segundos após ter sido iniciada.[111]

Escuta atenta e inclusiva representa a escuta do sujeito integral, do ser humano que sofre e que interpreta seu sofrimento de maneira subjetiva e que deseja compartilhar, na busca de socorro e alívio. Há indivíduos que têm grande dificuldade de promover essa partilha e necessitam de estímulo para iniciar seu relato. Outros estão igualmente imersos nessa cultura tecnocêntrica e mecânica e não imaginam que seja importante partilhar algo que ultrapasse os limites dos sinais e sintomas físicos, chegando a estranhar as perguntas que abordem as questões psicossocioespirituais. Uma pesquisa recente sugere que, diante das dificuldades de abordagem da espiritualidade com o paciente, iniciemos com a questão: o quão em paz você está com sua vida?[112] Esse questionamento abre campo para que o paciente diga o que sente e o que vive, sem rótulos, sem definição, de forma ampla, que a experiência do terapeuta pode direcionar e auxiliar para que desse relato sejam retirados os elementos terapêuticos necessários.

Outros elementos terapêuticos essenciais:

- reforçar os aspectos positivos;
- identificar a criatura, mas não rotulá-la com uma doença;
- identificar as possibilidades morais;
- na escuta atenta, procurar o homem, este ser divino;

---

111. Jerome Groopam, *Como os médicos pensam*.
112. Karen E. Steinhauser et alii, *"'Are you at peace?': one item to probe spiritual concerns at the end of life"*, Archives of Internal Medicine, 9 de janeiro de 2006, pp. 101–105.

> aprofundar-se nas relações individuais, perceber suas semelhanças e reais barreiras que ainda o enlaçam nas redes cotidianas;
> descobrir os pontos do nó que poderão libertá-lo;
> posicionar os ouvidos com as tonalidades do amor e da humildade.

Isso significa descer do pedestal do falso saber e assumir o lugar de orientador técnico e ser humano, saindo do lugar do poder e do enquadramento para se colocar diante do indivíduo que está dando ao terapeuta a honra de servi-lo e acompanhá-lo em seu processo de autodescoberta e conquista da saúde. Para que isso se dê, são necessárias condições de trabalho dignas e uma construção do ambiente e das circunstâncias favoráveis. Esse cenário terapêutico ensejará o adequado e idealizado relacionamento de confiança, afinidade e cooperação.

A medicina como sacerdócio

A medicina é profissão nobre que, quando vivida com consciência do dever espiritual, transforma-se em sacerdócio, no serviço prestado ao semelhante.

Compete a cada profissional aquilatar o valor da oportunidade recebida de agir no alívio e no equacionamento das dores humanas, como instrumento da misericórdia divina, em sintonia com o alto, a serviço de Jesus. O conhecimento da vida espiritual converte-se em ferramenta poderosa de ação, quando o profissional se porta na vida como médium do amor, intermediando a ação do mundo espiritual superior em favor do doente e de si mesmo, nas ações naturais e espontâneas do dia a dia.

Não é necessário transe mediúnico para que o homem seja utilizado como cooperador do mundo espiritual superior, mas é imprescindível a sintonia profunda com o amor, determinada pelas ações e resoluções de alma, que possibilitem a captação das inspirações e dos recursos que vertem dos planos sublimes em favor da humanidade.

Adverte o notável físico e médico alemão Joseph Gleber, que cursou medicina para servir ao povo judeu carente de sua época, no período que antecedeu a Segunda Guerra Mundial:

> Vemos lamentavelmente muitos dos médicos da Terra preocupados mais com a aquisição de recursos materiais, engordando a sua poupança bancária, a se ocuparem com o estudo e pesquisa dos ascendentes espirituais nas diversas anomalias e disfunções que ainda caracterizam o estado difícil que se encontra a massa humana.
>
> Enquanto deste lado nos esforçamos para passar as ideias e intuições, para auxiliá-los na divina missão a que deveriam se dedicar, presenciamos muitos destes irmãos, não todos, felizmente, aproveitando do prestígio que a classe lhes oferece para viverem na regalia e no fausto, enquanto o sofrimento e a dor abatem milhões de criaturas.
>
> Aqueles que abraçaram a medicina como verdadeiro sacerdócio, como auxiliares de Jesus, o grande médico de nossas almas, já despertaram em si sentimento elevado e padrão mental mais amplo que faculta-nos utilizá-los como instrumentos preciosos no amparo e socorro a muitos que choram, pelos vales da dor, nos círculos da habitação humana.[113]

De acordo com Homero, os profissionais da saúde conscientes das questões espirituais, devem: "Oferecer-se para servir como servos reais e não senhores da técnica e da própria evolução."[114]

Dra. Marlene Nobre, presidente das Associações Médico-Espíritas do Brasil e Internacional, lembra que:

---

113. Robson Pinheiro e Espírito Joseph Gleber, *Medicina da alma*, p. 36.
114. Roberto Lúcio e Alcione Albuquerque, *O homem sadio*, texto do Espírito Homero.

Segundo o Dr. Bezerra, o diploma do médico espírita pertence a Jesus. Isso significa que o médico consciente de sua oportunidade e missão está permanentemente a serviço do bem, em nome de Jesus, a quem serve em sua profissão.

Devemos ter como referência o padrão do cientista do plano espiritual, conforme podemos observar na coleção André Luiz.

Eis algumas virtudes que podemos citar e que devemos vivenciar em nossa prática médica diária:

- Gentileza
- Solicitude
- Amor
- Compreensão dos passos a serem dados
- Humildade do saber
- Atuação sem personalismo ou jactância pessoal.[115]

Para que essas virtudes sejam vivenciadas adequadamente, o profissional necessita atenção contínua ao que vive na relação terapêutica, aos sentimentos que desperta, aos desconfortos, às dificuldades. Ele estará sempre confrontado com os conteúdos semelhantes ao que traz na intimidade e que, por força de ressonância, ativará nele núcleos emocionais e sentimentais semelhantes aos manifestados pelo paciente ou a ele relacionados. O terapeuta necessita estar em permanente cuidado consigo, com sua vida interior, aproveitando o tempo e a oportunidade que se lhe apresenta, a fim de ser eficaz no que faz.

> O contato direto com seres humanos coloca o profissional diante de sua própria vida, saúde ou doença, dos próprios conflitos e frustrações. Se ele não tomar contato com esses fenômenos, correrá o risco

---

115. Apud www.amebrasil.org.br.

de desenvolver mecanismos rígidos de defesa, que podem prejudicá-lo tanto no âmbito profissional quanto no pessoal (...)[116]

Esse cuidado e atenção consigo permitirão os *insights* terapêuticos profundos que ampliem sua percepção do paciente, do ponto fundamental em que devem focar no trabalho de cura e nas possibilidades ou recursos disponíveis para acesso ao *self*, à essência.

O instrumento utilizado pelo terapeuta é a sua consciência que se manifesta naturalmente em sua atividade profissional. Quanto mais bem cuidada e trabalhada, mais elevado será o seu estado de consciência e, consequentemente, mais estável será o seu equilíbrio pessoal. A atenção aos problemas, aos desconfortos interiores e às dificuldades pessoais é fundamental na perspectiva do bom aproveitamento dessas oportunidades para o desenvolvimento responsável e harmonioso de sua vida.[117]

Anamnese espiritual

Diante da realidade do espírito ou mesmo apenas levando-se em consideração a dimensão espiritual do indivíduo, torna-se fundamental que o profissional de saúde saiba proceder também a uma boa anamnese espiritual, com finalidade terapêutica, ou seja, saiba investigar a vivência religiosa e seus significados – religiosidade – ou as vivências de espiritualidade que estejam desconectadas da religião formal, no caso de pacientes ateus, agnósticos e outros correlatos.

---

116. Maria Cezira Fantini Nogueira Martins, "Relação médico-paciente no microscópio", *Ser Médico*, janeiro–março, ano V.
117. Julio Peres, *Trauma e superação*, p. 227.

O Espírito Homero, em *O homem sadio*, orienta ao terapeuta:

> Embasar sempre o seu primeiro momento diagnóstico na aceitação ou não de seu paciente da união fatal com o Princípio de Tudo.[118]

Investigar a relação do homem com Deus, sua fé, suas crenças e as atitudes dela decorrentes é fundamental na prática médico-espírita.

Geralmente se fala na prática médica, baseado no sistema de trabalho norte-americano, que a abordagem da espiritualidade deve ser exclusiva do capelão ou do religioso que visite o paciente. No entanto, as pesquisas científicas têm mostrado o contrário.

Harold Koenig, eminente pesquisador norte-americano, esclarece que já há suficientes dados científicos para suportar que o médico aborde questões relacionadas à religiosidade ou espiritualidade do paciente na prática clínica.

Eis alguns dados recentes da literatura médico-científica que dão suporte à abordagem da espiritualidade na prática médica convencional:

- Muitos pacientes são religiosos.
- Crenças religiosas influenciam decisões médicas.
- Atividades religiosas estão relacionadas à melhor saúde e qualidade de vida, segundo as pesquisas.
- Muitos pacientes gostariam que os médicos comentassem suas necessidades religiosas.
- Médicos religiosos conquistam maior confiança de seus pacientes.[119]

Pesquisas recentes demonstram que a maioria dos pacientes são religiosos, sobretudo no Brasil, embora os dados apresentados por Koenig refiram-se aos EUA:

---

[118]. Roberto Lúcio e Alcione Albuquerque, *O homem sadio*, texto do Espírito Homero.
[119]. Harold Koenig, *Espiritualidade no cuidado do paciente*.

- 96% dos americanos acreditam em Deus;
- 90% rezam;
- 70% são membros de igrejas;
- as necessidades espirituais aumentam nas enfermidades;
- estudos mostram que 88% de pacientes apresentam necessidades espirituais;
- 90% de pacientes relatam que crenças religiosas ajudam a enfrentar suas enfermidades e vicissitudes da vida.

As pesquisas mostram ainda que crenças religiosas influenciam decisões médicas:

- 45% informaram que suas crenças religiosas influenciam suas decisões em enfermidades graves;
- trabalhos mostram que a crença religiosa influencia na aceitação de: dietas, doação de sangue, vacinação, pré-natal, usar a medicação, alterar o estilo de vida e aceitar tratamento psicológico e psiquiátrico;
- crenças religiosas influenciam na decisão do paciente em se submeter a terapias agressivas (oncológicas).

Muitos pacientes gostariam que os médicos comentassem suas necessidades espirituais. As pesquisas demonstram que:

- 67% dos pacientes gostariam de falar sobre espiritualidade com seus médicos;
- 66% informaram que aumentariam a confiança em seus médicos se eles dessem importância ao seus aspectos religiosos.

Recentes estudos têm avaliado o papel da espiritualidade e da religiosidade na vida dos pacientes e na gênese, tratamento e prognóstico de variadas doenças e condições clínicas.

Nesses estudos, a espiritualidade é definida como uma experiência cujas características incluem indagações por significados e razões, transcendência (a noção de que o ser humano é mais do que a existência material), ligação (com os outros, com a natureza ou com a divindade) e valores (p.ex., justiça). A religião organiza as experiências coletivas de um grupo de pessoas num sistema de crenças e práticas. A religiosidade então é definida como o grau de participação ou aderência às crenças e práticas de uma religião.

Estudos australianos mostraram maior estabilidade conjugal, menos uso de drogas ilícitas e de álcool, menores porcentagens e maior atitude negativa com relação ao suicídio; menor ansiedade e depressão e maior altruísmo entre os religiosos.

A religiosidade também tem sido associada com menor consumo de cigarros; práticas sexuais conservadoras (redução do risco de doenças sexualmente transmissíveis); menores níveis de cortisol e catecolaminas (em meditadores); menor pressão sanguínea; menor nível de colesterol; maior sobrevivência (em adventistas do sétimo dia) e até mesmo menor risco para câncer do colo.

Há, portanto, suficientes razões tanto do ponto de vista espiritualista quanto materialista para se abordar na prática clínica a religiosidade e espiritualidade do paciente, auxiliando-o a ir ao encontro de si mesmo, no entendimento mais profundo do que se passa em sua vida íntima, para o equacionamento dos dramas provacionais ou expiacionais que esteja vivenciando em seu processo evolutivo.

Ao médico e demais profissionais de saúde, não cabe o julgamento do que esteja vivendo o enfermo, mas a exata noção do papel de servos da vida, servos de Deus, quando no exercício de suas profissões, a serviço do bem. Com a consciência desperta para o papel educativo que a vida lhe oferece, na execução de seus deveres, o terapeuta aproveitará melhor a sagrada oportunidade de se curar à medida que estimula a autocura daqueles aos quais a vida lhe der a honra de servir, em nome de Jesus.

O terapeuta ideal

O profissional de saúde moderno, como afirmou Bach, deve ser um grande estudioso da vida, das leis que a regem e do ser humano. André Luiz orienta, no conjunto de sua obra, que nem todos os que são médicos na Terra o serão na vida maior, e que os médicos do espaço são aqueles Espíritos ricos em conhecimentos técnicos e em sabedoria espiritual, capazes não só de bem diagnosticar a doença do corpo e da alma, mas de abordar o Espírito em sua integralidade, tendo como princípio fundamental a vivência das virtudes ensinadas por Jesus. Eis o exemplo que devemos seguir.

> Na Esfera Superior, o médico não se ergue apenas com o pedestal da cultura acadêmica, qual ocorre frequentemente entre os homens, mas sim também com as qualidades morais que lhe confiram valor e ponderação, humildade e devotamento, visto que a psicoterapia e o magnetismo, largamente usados no plano extrafísico, exigem dele grandeza de caráter e pureza de coração.[120] ∎

---

[120] Francisco Cândido Xavier, Waldo Vieira e Espírito André Luiz, *Evolução em dois mundos*, p. 119.

Com a consciência desperta para o papel educativo que a vida lhe oferece, na execução de seus deveres, o terapeuta aproveitará melhor a sagrada oportunidade de se curar à medida que estimula a autocura daqueles aos quais a vida lhe der a honra de servir, em nome de Jesus.

A caridade como força curativa da alma

> "O amor cobre a multidão de pecados.
> — Pedro, 4:8

O espiritismo, a exemplo de Jesus, "o melhor e maior modelo dado por Deus aos homens",[121] estimula a prática constante do bem ao semelhante.

Embora a evolução seja obra do esforço individual e da passagem pela porta estreita, ninguém evolui sozinho e o compromisso social, como se vê na cura dos dez leprosos, é o caminho de paz para a alma e para o cumprimento dos deveres espirituais que compete a cada um.

O bem realizado em prol do semelhante é o maior e melhor advogado da criatura em todas as circunstâncias da vida. Quando o ser se esforça para se reconectar ao amor, essência da vida, todo o universo conspira em seu favor, estimulando-o e auxiliando-o no que se fizer necessário, visto que esse é o movimento fundamental da cura.

Diz Emmanuel, pela inspiração a Chico Xavier, que:

> Toda vez que a justiça nos procure para acerto de contas, se nos encontra trabalhando em benefício do próximo, manda a misericórdia divina que a cobrança seja suspensa por tempo indeterminado.[122]

A cobrança suspensa, como afirma o benfeitor, não representa anulação de compromissos perante a lei, mas oportunidade de exoneração e reparação do mal pelo bem, sem a necessidade expressa do sofrimento ou da dor para o reequilíbrio perante a consciência e a vida.

Os Espíritos superiores, ao perceberem o esforço do doente em buscar a cura, servindo à vida, esforçam-se de todas as maneiras para secundar-lhe os esforços, ofertando-lhe o que lhe falta, aumentando-lhe a resistência íntima e a força moral, disponibilizando recursos fluidoterápicos de socorro e alívio, permanentemente.

---

121. Allan Kardec, *O livro dos Espíritos*, questão 625.
122. Adelino da Silveira, *Momentos com Chico Xavier*.

O amor de Deus é incondicional, mas se faz mais perceptível ao ser que entra em sintonia com Ele e abre campo em sua intimidade para Sua ação mais extensa. Naturalmente que os recursos divinos estão disponíveis para todos, mas ao ser que ama ou que se esforça por amar, beneficiando a coletividade, há um incremento de amparo e misericórdia na recuperação da saúde, em função do efeito na comunidade.

Afirma o médico espiritual Carneiro de Campos:

> Em casos especiais, quando o homem não dispõe de créditos que lhe facultem o restabelecimento da saúde – tendo em vista a divina misericórdia de acréscimo, que examina a sua possível reabilitação espiritual, laborando pelo bem de todos, a cujo esforço se recupera dos males antes praticados – uma ação magnética, psíquica ou fluídica de alta potência pode modificar o quadro de enfermidade, revitalizando os implementos celulares, que volvem à harmonia vibratória, produzindo o equilíbrio do corpo ou da mente. Tal ocorrência, no entanto, onera, mais ainda, o beneficiário, que passa a viver sob condição de moratória de grande e grave significação.[123]

Renúncia, sacrifício e dedicação ao bem coletivo, em detrimento dos interesses personalistas, são o caminho orientado por Jesus para a cura das enfermidades da alma.

O livro dos Espíritos, questão 912:

> Qual o meio mais eficiente de combater-se o predomínio da natureza corpórea?
> — Praticar a abnegação de si mesmo.

---

123. Divaldo Franco, Nilson Pereira de Souza, *A serviço do espiritismo (Divaldo Franco na Europa)*, pp. 115–116.

Abnegação representa esquecimento dos interesses pessoais em favor dos interesses coletivos, renúncia da própria vontade, desapego do desejo, generosidade com sacrifício, altruísmo.

Não há doente que não possa dedicar alguns momentos de sua vida a espalhar uma palavra de consolo, de esperança, a escutar um coração mais sofrido que o seu, a partilhar dos deveres de alguém sobrecarregado, a aliviar corações, a dividir alegria. Basta a boa vontade e se colocar à disposição da vida.

Jesus legou à humanidade maravilhoso ensinamento quando, diante da multidão faminta, requisitou dos apóstolos o que eles tinham a ofertar. O alimento era pouco, porém, sob a ação da misericórdia divina, se multiplicou ao ponto de saciar a fome de todos e ainda sobrar (Jo 6:1–15). O mesmo ocorre com o coração de boa vontade que oferece seu mínimo recurso ao Pai. Este é ampliado pela intervenção amorosa do Cristo e Seus prepostos, que procedem à multiplicação dos efeitos positivos, sem que o ser possa aquilatar o valor de uma atenção, de um cuidado, sorriso ou auxílio pecuniário.

O efeito de uma ação amorosa de uma pessoa qualquer atua em si e em torno de si como um gatilho que dispara uma cascata de reações físicas, psíquicas e espirituais, gerando bem-estar e satisfação.

Diz *O livro dos Espíritos*:

> 642. Basta não fazer o mal para ser agradável a Deus e assegurar um futuro melhor?
> — Não. É preciso fazer o bem no limite de suas forças, porque cada um responderá por todo o mal que resulte do bem que não tiver feito.

643. Há pessoas que, pela sua posição, não têm a possibilidade de fazer o bem?

— Não há ninguém que não possa fazer o bem; somente o egoísta nunca encontra ocasião. Bastam as relações sociais com outros homens para encontrar ocasião de fazer o bem, e cada dia de vida dá a oportunidade a quem não esteja cego pelo egoísmo; porque fazer o bem não é somente ser caridoso, é ser útil na medida de vosso poder todas as vezes que vossa ajuda se fizer necessária.

Um trabalho científico,[124] com metodologia adequada, publicado em 2003, demonstrou essa realidade, apresentando dados que comprovam os benefícios da atividade social para a saúde de quem recebe o benefício, mas sobretudo de quem o pratica. Foram estudados 2 016 membros da igreja presbiteriana nos EUA. Nesse estudo, o ato de oferecer ajuda aos semelhantes foi o mais importante previsor de saúde mental, mais até do que recebê-la. No entanto, o mesmo estudo comprovou que essa oferta deve ser guiada pela espontaneidade e pela alegria em ofertá-la, visto que sentir-se sobrecarregado pelas demandas do outro foi o maior fator predizente de adoecimento mental, segundo os pesquisadores.

Essa realidade é afirmada pelos Espíritos há muitos anos.

O Dr. Inácio Ferreira, eminente psiquiatra espírita, desencarnado, fundador do sanatório espírita de Uberaba, orienta que:

> Em esmagadora maioria, os conflitos existenciais da criatura são decorrentes da egolatria; alguém que não retribuiu afeto, que não quis renunciar, que nunca soube o que é sacrifício pela felicidade alheia... De repente, a insegurança, o medo, a insônia, a opressão, o pesadelo, o desânimo, a falta de motivação para viver. Se os psiquiatras

---

[124.] George Reed et alii, *"Altruistic social interest behaviors are associated with better mental health"*, Psychosomatic Medicine, 65, pp. 778–785.

se dedicassem a tratar o egoísmo de seus pacientes, poderiam até errar no varejo, mas acertariam no atacado. E aqui vai uma dica aos colegas: na falta de diagnóstico mais preciso, tratem do egoísmo do doente! Não lhes prescrevam medicamentos que o deixem ainda mais ensimesmados – ponham-nos para trabalhar em uma atividade voluntária numa obra assistencial.[125]

Importante, portanto, estimular os pacientes no desenvolvimento da boa vontade em servir à vida e ao semelhante, em atitudes espontâneas de amor ao próximo, conforme direcione o coração, consoante as preferências individuais. Porém mais importante ainda é dar-lhes o exemplo, sendo o profissional de saúde um servidor que se esforça por auxiliar e amparar continuamente o seu semelhante, ampliando sempre o limite de suas possibilidades.

Sendo o servir a síntese da cura espiritual, vencer o egoísmo torna-se o maior desafio terapêutico que se impõe a profissionais e pacientes em busca de alta nas enfermarias da vida.

A caridade, conforme afirma Paulo de Tarso, é o caminho por excelência.

Em *O livro dos Espíritos*, Allan Kardec questiona aos codificadores o sentido profundo da palavra caridade:

> 886. Qual o verdadeiro sentido da palavra caridade, como a entendia Jesus?
> — Benevolência para com todos, indulgência para com as imperfeições dos outros, perdão das ofensas.

---

[125]. Carlos Baccelli e Espírito Inácio Ferreira, *Amai-vos e instruí-vos*, pp. 114–115.

A caridade transcende as questões materiais e configura-se como um exercício de amor ao próximo, na medida da possibilidade de cada um. Doações materiais são a parte mais fácil da caridade, o grande desafio está em ser tolerante, benévolo, compreensivo, misericordioso, enfim em praticar a caridade moral, que eleva o próximo e o faz sentir-se digno perante si mesmo e a vida.

A verdadeira bem-aventurança consiste em aprender a doar-se de si mesmo: "Dais muito pouco quando estais a dar o que vos pertence. Só quando vos dais a vós próprios é que estais verdadeiramente a dar."[126]

Independente da forma em que ela se expressa, se é verdadeira, a caridade e seus reflexos transformam-se nos elementos terapêuticos mais eficazes e profundos, no mundo físico e espiritual.

O médico espiritual André Luiz, que aportou no mundo extrafísico como um necessitado de cuidados, recebe do seu orientador espiritual o esclarecimento de onde provinham as vibrações de amor que lhe aliviavam as dores físicas e morais que experimentava:

> (...) nos quinze anos de sua clínica, também proporcionou receituário gratuito a mais de seis mil necessitados. Na maioria das vezes, praticou esses atos meritórios absolutamente por troça; mas, presentemente, pode verificar que, mesmo por troça, o verdadeiro bem espalha bênçãos em nossos caminhos. Desses beneficiados, quinze não o esqueceram e têm enviado, até aqui, veementes apelos a seu favor. Devo esclarecer, no entanto, que mesmo o bem que proporcionou aos indiferentes surge aqui a seu favor.[127]

---

126. Frase atribuída a Gibran Kalil Gibran.
127. Francisco Cândido Xavier e Espírito André Luiz, *Nosso Lar*, fala do orientador espiritual Clarêncio, p. 80.

Após aprender muito e curar-se, André Luiz torna-se o vanguardeiro espiritual que traz as orientações precisas sobre a medicina da alma. Ele orienta que o trabalho no bem é o caminho ideal de pacificação da intimidade e de reconquista do equilíbrio perdido nas ações distanciadas do bem, no passado espiritual. Por meio desse trabalho, opera-se a exoneração dos núcleos de maldade e de seus efeitos no corpo espiritual, por afirmação do teor energético contrário e em sintonia com a lei, sem a necessidade de que esse conteúdo seja exonerado ou que o reequilíbrio energético seja restabelecido pelas vias da enfermidade de qualquer natureza.

Todo o mecanismo da natureza está regido pela lei do amor, e entrar na posse e na vivência dele reajusta-nos perante a vida e a consciência, mesmo que para conquistá-lo sejam necessárias temporárias e passageiras experiências provacionais ou expiacionais dolorosas que nos auxiliem a dessintonizar com o mal e a ressintonizar com o bem, essência da vida. "Misericórdia quero e não sacrifício" (Os 6:6), afirmam as escrituras.

André Luiz sintetiza o assunto ora em pauta, dizendo:

> O bem constante gera o bem constante e, mantida a nossa movimentação infatigável no bem, todo o mal por nós amontoado se atenua, gradativamente, desaparecendo ao impacto das vibrações de auxílio, nascidas, a nosso favor, em todos aqueles aos quais dirijamos a mensagem de entendimento e amor puro, sem necessidade expressa de recorrermos ao concurso da enfermidade para eliminar os resquícios de treva que, eventualmente, se nos incorporem, ainda, ao fundo mental.

Amparo aos outros cria amparo a nós próprios, motivo porque os princípios de Jesus, desterrando de nós animalidade e orgulho, vaidade e cobiça, crueldade e avareza, e exortando-nos à simplicidade e à humildade, à fraternidade sem limites e ao perdão incondicional, estabelecem, quando observados, a imunologia perfeita em nossa vida interior, fortalecendo-nos o poder da mente na autodefensiva contra todos os elementos destruidores e degradantes que nos cercam e articulando-nos as possibilidades imprescindíveis à evolução para Deus.[128]

[128.] Francisco Cândido Xavier, Waldo Vieira e Espírito André Luiz, *Evolução em dois mundos*, p. 121.

Sendo o servir a síntese da cura espiritual, vencer o egoísmo torna-se o maior desafio terapêutico que se impõe a profissionais e pacientes em busca de alta nas enfermarias da vida.

Perdão caminho para a cura integral

> " Senhor, até quantas vezes poderá pecar o meu irmão contra mim, para que eu lhe perdoe? Será até setes vezes? E Jesus respondeu: não te digo que até sete vezes, Pedro, mas setenta vezes 7 vezes...
> — Mateus, 18:21

Não há coração que não esteja ou não já tenha estado magoado nessa vida.

A grande maioria diz que não tem mágoas, mas na verdade as tem sim – e muitas –, mas não faz contato com elas. Deixam-nas guardadas, cultivadas, como plantas que vão se enraizando e crescendo, até que dão frutos, sementes e reproduzem outras iguais...

A mágoa é uma vivência emocional de amplas repercussões.

Não raro, observamos grandes mágoas por trás de muitos adoecimentos físicos. A jornalista Fernanda Santos, em seu livro *Tire essa mágoa do peito*, narra alguns casos demonstrando as ligações entre a mágoa e o câncer de mama, por exemplo.

Embora a crença popular de que a mágoa gere doenças esteja bem estabelecida, só recentemente a medicina aprofundou estudos nessa área, constatando o que diz a sabedoria popular.

Hoje sabemos, por meio da psiconeuroimunoendocrinologia,[129] que o organismo está totalmente integrado, havendo receptores na membrana das células de todo o corpo para as substâncias dos mais variados sistemas. No cérebro, substâncias específicas, ligadas às emoções, são derramadas na corrente sanguínea e agem em todo o organismo, gerando reações compatíveis com as emoções originais, que afetam a fisiologia orgânica, podendo equilibrá-la ou desequilibrá-la, conforme sua natureza e intensidade.

A cadeia a que se refere Jesus na citação que abre o capítulo pode ser compreendida como o grave processo obsessivo (ou auto-obsessivo) que pode se iniciar em circunstâncias de mágoas simples, mas não somente; também pode ser entendida como a desarmonia orgânica que se instala em razão do retorno daquilo que houvermos semeado no coração de quem quer que seja, na ausência do amor.

---

[129]. Ramo da ciência que estuda a integração entre os vários sistemas do organismo humano.

Esclarece Emmanuel:

> A falta cometida opera em nossa mente um estado de perturbação, ao qual não se reúnem simplesmente as forças desvairadas de nosso arrependimento, mas também as ondas de pesar e acusação da vítima e de quantos se lhe associam ao sentimento, instaurando desarmonias de vastas proporções nos centros da alma, a percutirem sobre a nossa própria instrumentação. Semelhante descontrole apresenta graus diferentes, provocando lesões funcionais diversas.[130]

A mágoa é ácido que corrói por dentro, adoecendo-nos física e psiquicamente, tanto quanto a agressão ao semelhante é semeadura de dificuldades íntimas, morais e orgânicas, se o perdão não se fizer presente na vida do indivíduo ou nas relações.

A frase seguinte é creditada a Shakespeare e tem significação muito profunda: "Não perdoar é como beber veneno desejando que o outro morra."

O desejo de vingança, a raiva não trabalhada, o desejo de justiça a qualquer preço são atos destinados ao semelhante, mas afetam primária e prioritariamente aquele que os vive e mantém no coração.

A mágoa é veneno que consome o organismo aos poucos, debilitando-o e matando a alegria e o prazer de viver, com o passar do tempo, à medida que se agrava e cronifica, sem a atenção e o entendimento que requisita.

Muitas pessoas permanecem longos anos magoadas, cultivando as dores que não conseguem ou não desejam elaborar, permitindo que essas mágoas, à semelhança da erva daninha que cresce nos quintais das casas, sufoque a germinação do que há de sadio em nós.

---

[130] Francisco Cândido Xavier e Espírito Emmanuel, *Pensamento e vida*, p. 27.

Certa feita ouvi de um amigo que ele chegara em casa e encontrara a sogra chorando, muito tristemente. Ela, uma senhora já de idade avançada, disse estar chorando por causa de algo que o marido havia feito. Meu amigo estranhou aquela fala, visto que seu sogro era um homem cordato e gentil, e então a questionou: "Mas ele fez algo com a senhora? Ele parece tão bem..." Ao que ela respondeu: "Fez, meu filho, mas isso foi há 28 anos..." Aquela mulher estava cultivando sua mágoa havia quase trinta anos, sem conseguir elaborar a dor da decepção, da ofensa, da desilusão de um conteúdo qualquer.

Se o perdão não é compreendido, ele é evitado ou até mesmo recusado, em favor de outras atitudes como a vingança, a revanche ou a "justiça".

Decisão, atitude, processo

Coexistem, em nossa cultura e psiquismo, tanto o "olho por olho, dente por dente", da famosa lei de talião, como o ensino do Cristo de que se oferte a outra face.

> Ouvistes o que foi dito: "olho por olho, dente por dente". Eu porém vos digo: não resistais ao homem mau; antes, àquele que te fere na face direita, oferece-lhe também a esquerda; e àquele que quer pleitear contigo para tomar-te a túnica, deixa-lhe também a veste; e se alguém te obriga a andar uma milha, caminha com ele duas. (Mt 5:38–41)

As ideias correntes no senso comum sobre perdão são algo irreais. Pensa-se comumente que perdão significa esquecimento, submissão, covardia, permitir que o outro pise em nós e faça o que deseja, sem reação de nossa parte. Então, nessa visão, perdoar, fica muito difícil, mesmo indesejável e até prejudicial.

Será útil perceber que o perdão são três coisas muito importantes:

1. **decisão**
2. **atitude**
3. **processo**

decisão
Trata-se de decidir-se pela paz. A mágoa é peso que carregamos no ombro e que nos limita a vida. É necessária uma decisão por não sofrer mais, por não aumentar o tamanho ou a consequência de um ato infeliz ou circunstância indesejada, entre outras coisas.

atitude
A decisão precisa concretizar-se em atos para ser validada.

O perdão não cai do céu, necessita de trabalho e esforço para ser conquistado. Indicamos abaixo métodos úteis de metabolização das emoções e das mágoas.

processo
O perdão é fruto de tempo, de metabolismo da experiência. Assim como não há como ingerir uma maçã e colocá-la diretamente na corrente sanguínea, pois se poderia matar o organismo com o mínimo pedaço não metabolizado dela, o magoado permanece com as questões emocionais entaladas na alma aguardando resolução. É necessário mastigar, engolir, digerir para se compreender o que se deseja e o que faz falta, em si ou em torno de si, na relação presente ou na passada, quais as circunstâncias reais dos acontecimentos, os agravantes e atenuantes, a responsabilidade pessoal e a do outro, dentre muitas outras condições.

Perdão não é necessariamente esquecimento. A busca pelo esquecimento das ofensas, sem um trabalho que cure as mágoas, pode até mesmo representar fuga das dificuldades, o que denota insegurança, medo, falta de vontade ou incapacidade de lidar com as feridas da alma.

Dependendo do tamanho da lesão, do corte e de sua profundidade, a cicatriz final, mesmo depois de curada a ferida, pode ser grande. Ela não dói, apenas fica lá, lembrando que houve uma lesão naquele local, que já fechou... Para se alcançar a meta é preciso tempo.

André Luiz recomenda:

> Use a paciência e o perdão infatigavelmente. Todos nós temos sido caridosamente tolerados pela Bondade Divina milhões de vezes, e conservar o coração no vinagre da intolerância é provocar a própria queda na morte inútil.[131]

Para colocar em prática a compaixão, e compreender mais profundamente os processos e acontecimentos vivenciados, é necessário ampliar a visão, abrir mão do exclusivismo do ponto de vista, que representa apenas a vista de um ponto, e expandir a mente e a consciência na aquisição de novos valores, ideias e ideais.

Quando abrimos mão do que achamos, para ver as coisas como elas são ou podem ser, sem que isso represente desvalorização da nossa verdade, o perdão é possível. Quando deixamos de cobrar do outro ou da vida aquilo que ele ou ela deviam ser mas não são, para aceitar o que está enquanto se trabalha para conquistar o que se deseja, estamos com a postura recomendável na busca do perdão.

A visão alarga-se à medida que se afasta do objeto observado. Quem fica focado em sua dor, cultivando-a, lamentando-a, contando para toda a vizinhança a sua desdita e alimentando a desgraça, não consegue perdoar. Isso porque a visão, quando muito perto do objeto, fica desfocada e não observa detalhes, contexto, nem tem percepção do conjunto.

Uma boa parte das pessoas mantém-se nesse lugar porque necessita dele ou tem um ganho pessoal importante. Muitas dizem que perdoaram ou desejam perdoar, mas apenas da boca para fora,

---

[131]. Francisco Cândido Xavier e Espírito André Luiz, *Aulas da vida*.

pois querem permanecer na cômoda posição de vítimas, acreditando-se desventuradas pelo destino, induzindo a piedade do outro e a comiseração, como o fazia o cego Bartimeu. Aquele que age assim não consegue perdoar, pois o olhar fica viciado em uma análise focada na sombra do outro, em razão de uma identificação com a sua própria sombra, que é projetada no outro para não voltar-se para si mesmo, como o fizeram aqueles que tentaram julgar a mulher considerada adúltera. Jesus, conhecedor desse mecanismo psicológico, como sábio educador que era, escreve na areia, talvez símbolos, mensagens diretas ou subliminares das faltas e dificuldades pessoais de cada um, o que fez com que aqueles homens se encarassem e se percebessem sem condições de executarem o julgamento impiedoso.

A sombra, segundo Jung, é a parte da vida psíquica que engloba tudo aquilo que não é aprovado, desejado, desenvolvido ou aceito pelo indivíduo. A sombra atua continuamente, competindo a cada um conhecer os aspectos não amados em si e acolhê-los com amor, com aceitação ativa, que significa a atitude pacífica de tentar modificar tudo aquilo que se reconhece ou se pensa inadequado para si, sem briga consigo mesmo, sem autoagressão, sem violência. Enfim, com autoaceitação.

Quando se consegue fazer isso consigo, pode-se fazê-lo com o outro.

Desilusão

Para perdoar é necessário desiludir-se.

O ser humano engana-se muito facilmente. A mente humana é repleta de recalques, repressões de toda ordem e sobretudo fantasias. Todos têm visões idealizadas da vida que são aprendidas com a família, cultura e sociedade, fazendo com que se tenha expectativas de comportamentos e acontecimentos que, se não ocorrem como se deseja, não servem, não prestam, não são úteis... e assim a mágoa instala-se no peito. Todos têm preconceitos que selecionam e analisam as circunstâncias o tempo todo, adequando-as à realidade imaginada ou desejada pelo indivíduo.

Há, na mitologia grega, a figura do salteador Procusto, derrotado por Teseu, que vivia na serra de Elêusis e ficava perambulando pelas estradas em busca de suas vítimas. Quando as encontrava, Procusto costumava puni-las em sua casa, em um leito que tinha tamanho fixo e forma imutável. Se a vítima fosse maior que o leito, suas pernas eram cortadas, se fosse menor, eram esticadas. A vítima devia caber em seu leito obrigatoriamente.

Assim acontece também com os pensamentos e valores. O ser humano tenta adequar a vida e as situações aos seus leitos mentais, emocionais. Natural que todos tenham referências e que elas sirvam de baliza para se conduzir na vida e analisá-la. No entanto, à proporção que o ser cresce em autoconhecimento e compreensão das leis do universo, passa a relativizar conceitos e entendimentos, permitindo que a paz se instale em sua alma com mais facilidade. A árvore nova dobra-se até o chão e retorna ao seu estado natural, após a tempestade, em razão de sua alta resiliência,[132] decorrente da flexibilidade de seu tronco, enquanto a árvore menos jovem e mais rija não se dobra, sendo arrancada com raiz e tudo o mais nos instantes de provação da alma.

O perdão é um ato de alteridade,[133] que significa valorização e inclusão da diferença como elemento fundamental da riqueza e da beleza da vida. Algo bastante desafiador para os tempos modernos.

Muitas pessoas dizem que não perdoam porque quem perdoa é Deus.

---

132. Propriedade de um material de recuperar a sua forma ou posição original após sofrer choque ou deformação; elasticidade. No sentido figurado: poder de recuperação, capacidade de superar, de se recuperar de adversidades.
133. Segundo Frei Betto, a alteridade é a capacidade de "apreender o outro na plenitude da sua dignidade, dos seus direitos e, sobretudo, da sua diferença." Apud www.adital.com.br.

Certo, todo ato de amor, na essência, está sintonizado com a presença divina e toda cura, na essência, provém do Pai, mas o ato de perdoar é um ato divinamente humano. Aqueles que assim falam, não raro, estão fugindo do contato com suas dores e com a constatação de suas mágoas mais profundas e da sua corresponsabilidade no ato agressor. Alguns mantêm essa postura durante toda a vida, negando a dor emocional, que somatizam mas não curam, lembrando uma frase comum de para-choque de caminhão e adesivos de vidro de carro, observadas nas estradas brasileiras: "eu capoto, mas não freio". Muitas doenças decorrentes das mágoas acumuladas na alma são evitáveis e representam a escolha do indivíduo em não se curar, ficando preso aos ganhos do papel de vítima da vida.

Para perdoar é necessário conhecer-se profundamente.

Costumo dizer aos meus pacientes um ditado popular que ouvi de alguém certa feita: "Incomodou? doeu? leva para casa que é seu."

Isso quer dizer que toda dor diz respeito ao organismo que a sente, visto que ela é uma sinalização interior, uma mensagem de defesa e preservação que atesta um perigo ou uma agressão de qualquer natureza.

Se alguém desejar cutucar a pele íntegra de outra pessoa e o fizer, essa sentirá o toque, mas aquilo não a incomodará. No entanto, se no local tocado houver uma ferida aberta, ela reagirá imediatamente, em defesa de seu bem-estar, evitando o agravamento daquela dor.

Há muitas dores ocultas nos meandros da alma, que impedem o fluxo da vida de correr livre. As mágoas instalam-se sobre as zonas de sensibilidade ou predisposições íntimas do ser. Toda dor e sofrimento são consequências de interpretações das circunstâncias vivenciadas, portanto corresponsabilidade de quem a sente. Nietzsche dizia que "não existem fatos, apenas interpretações".[134] Isso não exclui a responsabilidade das outras pessoas nos atos praticados, nas intenções muitas vezes ferinas de machucar ou agredir ao

---

[134]. Frase atribuída a Friedrich Wilhelm Nietzsche.

outro. Mas uma grande verdade é que ninguém pode fazer alguém infeliz sem o seu consentimento, mesmo que inconsciente.

Mudando-se a interpretação dos fatos, muda-se o próprio fato. Uma desgraça pode transformar-se em degrau evolutivo, pelo aprendizado e crescimento propiciado; uma traição, em oportunidade de desenvolvimento de individualidade e sedimentação de valores nobres na alma, bem como estímulo à vivência dos ideais nobres da existência e daí por diante. O olhar define a vida. Se utilizarmos um óculos azul, toda a vida ficará azul, um amarelo e tudo será amarelo... O espiritismo propõe a lente transparente do autoconhecimento e da responsabilização pessoal, fazendo com que o ser compreenda os efeitos morais de suas escolhas e atos, bem como a dimensão dos efeitos físicos e espirituais de suas vivências emocionais.

Cada qual terá que cuidar da sua vida e prestar contas a si mesmo, à sua própria consciência, pelos atos praticados e pelas suas consequências. Ninguém fica imune ao confrontamento de tudo aquilo que tenha promovido em si mesmo ou no outro, visto que a lei de justiça a tudo provê, com equilíbrio, retornando ao ser, em seu corpo, em seu psiquismo e em circunstâncias o fruto de seu plantio, mais cedo ou mais tarde. Ninguém necessita se fazer canal de justiça, fazendo-a com suas próprias mãos, porque a sabedoria e a misericórdia do criador, manifestas em suas leis perfeitas, tudo registra: "Nada há encoberto que não venha a ser revelado; e oculto que não venha a ser conhecido." (Lc 12:2)

O desejo de vingança, no cumprimento do "olho por olho, dente por dente", escraviza o ser exatamente às emoções perturbadas das quais deseja se libertar, bem como vincula-o às entidades espirituais, correntes e criações mentais de teor semelhante que agravam a condição, reforçando os padrões de ódio, angústia e infelicidade.

O autoconhecimento é o caminho para o perdão.

Santo Agostinho recomenda,[135] àquele que deseja progredir, uma análise honesta, toda noite, ao deitar-se, dos seus atos e intenções, sobretudo das atitudes realizadas durante o dia. Trata-se de um método de autopercepção atenta.

É necessário encarar a sombra, seus desafios, sua beleza oculta, sem medo, com amorosidade, questionando-se sempre a respeito de seus reais objetivos e interesses, manifestos ou ocultos, diante de seus sentimentos e realizações.

O padrão ouro para comparação e análise é o evangelho de Jesus que nos apresenta a ética cósmica, universal, transpessoal do amor como o "caminho, a verdade e a vida".

Emoções e perdão

Para o estabelecimento do perdão e cura das feridas emocionais profundas é necessário aprender a reconhecer e trazer à consciência nossos padrões emocionais.

As emoções são movimentos energéticos e fisiológicos decorrentes de um estímulo qualquer, que pode ser um pensamento, um sentimento, uma ocorrência, dentre outros. A palavra emoção, em sua construção "e-moção", significa, movimento para fora, resposta.

O ser humano está submetido a uma série de emoções básicas, naturais, que todos vivenciarão sempre, quais sejam: a alegria, a raiva, a tristeza e o medo. São emoções naturais que surgem nos diversos episódios da caminhada. As respostas comportamentais a elas é que definem a vivência saudável ou adoecida.

Todos vivenciarão a alegria. No entanto, se ela, por alguma inibição cultural, familiar ou outra qualquer for negada, reprimida, vivenciaremos a apatia. Se for exacerbada, vivenciada em excesso, teremos a euforia. O medo negado se transformará em confrontamento, comportamento de risco que não saberá reconhecer limites

---

[135]. Allan Kardec, *O livro dos Espíritos*, questão 919.

ou perigos, e a sua vivência exacerbada será o pânico, doença comum na atualidade. A tristeza não vivida, não sentida, será melancolia, e exacerbada será depressão.

O autor americano Neal Donald Walsch diz que os defeitos são as maiores virtudes em um volume mais baixo ou mais alto que o adequado.[136] Por exemplo, alguém que tenha a característica de liderança pode se tornar submisso ou autoritário, dependendo do "volume" de sua liderança, o que pode colocar a perder a característica que seja o seu ponto forte.

Aprendendo a lidar com a raiva

Para o perdão, a emoção que mais interessa é a raiva, importando ainda a forma como o indivíduo lida com ela. Raiva é a resposta defensiva do mundo íntimo diante de uma ameaça de qualquer natureza, real ou imaginária. Negada, dá origem a mágoas; exacerbada, vira agressividade. Na raiz de toda mágoa há raiva, reprimida ou reconhecida.

Muitos indivíduos, com baixo nível de autoconhecimento e sobretudo autodomínio, mantêm a raiva no piloto automático, em respostas muito intensas que facilitam a agressão ao outro, bem como colocam o indivíduo na condição de ser facilmente magoado.

Robin Casarjian, em sua obra *O livro do perdão*, relata algumas motivações pelas quais mantemos o padrão da raiva exacerbada em nossas respostas emocionais, as quais comentamos abaixo:

1. "Sensação de poder e controle" ou "Controle dos outros"
Com a resposta raivosa, exacerbada ou mesmo com a postura do melindroso, o facilmente magoável, pode-se exercer controle e poder sobre as pessoas e circunstâncias em torno. Pode-se manter o padrão de irritabilidade para ser respeitado e validado, o que

---

136. Neal Donald Walsch, *Aprendendo a conviver com quem se ama*.

talvez seja parcialmente alcançado, visto que o silêncio do outro ou a aceitação para evitar confronto não representa necessariamente respeito.

O Evangelho segundo o espiritismo diz, no cap. IX, item 6, que há aqueles que gostam e envaidecem-se de dizer: "Aqui mando e sou obedecido", sem lhes ocorrer que poderiam acrescentar: "E sou detestado".

O grande anseio do ser humano é amar e ser amado. Aquele que é verdadeiramente respeitado o é pela seriedade, comprometimento e honradez com que se porta na vida, fazendo-se aceito por sua conduta, sem a necessidade de levantar a voz para que o outro lhe acolha; quando tal postura se faz necessária, no estabelecimento de limites que às vezes as relações requisitam, o faz com clareza de intenções e argumentações sobre o que propõe ou pensa.

2. "Ponto de partida e combustível para fazer as coisas"

Muitas vezes, as pessoas não encontram motivação na vida para suas realizações, só conseguindo algo produzir quando motivadas pela raiva. Falta-lhes o autoamor como motivação essencial.

Certa feita, uma paciente contou-me que, sendo gorda, não gostava de fazer regimes e não os fazia. Mas quando terminava um relacionamento, logo iniciava um regime, para que "o outro visse o que perdeu". A raiva era o seu combustível. Emagrecer, em busca de uma aparência que mais lhe agradasse ou como busca de uma saúde mais perfeita, seria um exercício de estima por si mesma e de valorização pessoal. Mas emagrecer para provocar o outro era apenas um exercício de manipulação e vaidade que podia até ser engraçadinho, como alfinetada em quem a preteriu, mas que não se sustentaria ao longo do tempo e não sedimentaria a cura na alma. Ela continuaria a sentir-se carente e vazia de si mesma.

3. "Defesa, evitação de sentimentos mais profundos"

A raiva exacerbada em agressividade pode evitar que o ser entre em contato com seus sentimentos mais profundos, que estão na raiz de seus incômodos e intenções. A raiva é defesa e representa um movimento superficial.

Costumo perguntar aos pacientes: "O que você sentiu quando sentiu raiva?" A maioria estranha a pergunta e responde: "Ora, senti raiva e pronto." Mas toda raiva está a serviço de algo, sinaliza um espaço que foi invadido, um interesse que foi negado, uma necessidade desconsiderada... Então, o que há por trás de sua raiva?

4. "Evitar a comunicação"

As pessoas que têm dificuldade de lidar com suas emoções ou sentimentos mais profundos costumam também manter a raiva – ou a indiferença – como forma de evitar o confronto, o diálogo emocional. Nossa cultura, de uma forma geral, não estimula a partilha de alma, a honestidade emocional. Dessa forma, são desenvolvidas inúmeras máscaras que escondem o que realmente o indivíduo é, quer e pensa... O problema é que essas máscaras, muitas vezes, colam-se ao rosto de uma maneira tão íntima que não mais são retiradas, nem para si mesmo, perdendo o foco da realidade nos papéis que se assumem na vida. Muitos não são capazes de dizer o que seu coração deseja e vivem assolados pelo medo, visto que a coragem, em sentido etimológico, significa agir com o coração, seguir os impulsos mais profundos e verdadeiros, que venham da essência, do *self*, da parte sábia e divina que há em si e que fornece o roteiro seguro para o cumprimento dos deveres evolutivos selecionados para esse momento reencarnatório.

Rubem Alves afirma que, em certa medida, as máscaras são necessárias, e que só caem na vigência e na presença do amor.

A doutrina espírita, apresentando a multiplicidade das vidas sucessivas, faz compreender que a personalidade, a máscara do ser imortal, da presente existência, é a representação das facetas daquele indivíduo, selecionadas para as vivências atuais. Pode haver virtudes e dificuldades ocultas, não reveladas, por não serem necessárias ao atual momento evolutivo, e que fazem parte da vida inconsciente do Espírito, aguardando o momento ou o tempo necessário para eclodirem e se manifestarem para aprimoramento ou redirecionamento, conforme suas características.

A personalidade pode ser comparada a uma vidraça que, sendo transparente, deixa visível e perceptível o interior da habitação, a alma; sendo opaca, esconde todo o interior. Compete a cada um, no processo evolutivo, libertar-se das amarras do ego, do personalismo improdutivo, para o centramento íntimo, no contato com as belezas do ser imortal que se descobre luz pouco a pouco, fazendo-se verdadeiramente à imagem e semelhança do Criador.

Para esse processo, longo e paulatino, é necessário o contato com as emoções e sentimentos mais profundos, bem como o aprendizado de comunicação com o outro nas dinâmicas relacionais evolutivas.

5. "Sentir-se seguro, proteção"

A segurança íntima deve ser fruto de uma conexão com o coração, com o eu superior. A raiva como fonte de segurança é falha, pois se afirma pela força e não pelo conteúdo, muitas vezes vazio e desconectado da verdade interior. A raiva é movimento superficial, guiado pelo ego. Há que se buscar a serenidade íntima em uma experiência profunda de amor-próprio e intimidade consigo mesmo, a fim de conseguir afirmar a sua individualidade, sua unicidade, sem ter que utilizar o mesmo recurso da massa perturbada que não age, apenas reage na vida, seguindo os impulsos do instinto muito mais que da razão e do sentimento.

6. "Maneira de mostrar que está certo"

Muitas vezes, a raiva manifesta em agressividade está a serviço da afirmação da opinião, do ponto de vista, em briga de egos. Quando questionado a respeito do que seria a verdade, Jesus calou-se. A verdade afirma-se pela argumentação e é fruto da experiência pessoal, intransferível. Cada um a acessará à sua maneira, à sua forma, em seu momento. É frequente na sociedade a discussão por pontos de vista políticos, religiosos, sociais. Adeptos desse ou daquele pensamento se inflamam, coléricos, desejando enfiar goela abaixo do outro sua crença, partido político ou ideologia, gerando desentendimentos, violência e... mágoas. O fanatismo, como fenômeno psicológico, representa exatamente o contrário do que se afirma. O fanático de qualquer natureza tenta convencer o outro a fim de angariar adeptos para sua crença e, assim, fortalecer a sua própria fé, que em essência é frágil e fugaz, não se alicerçando em terra firme. A verdadeira fé vem da convicção íntima nascida da experiência e da intimidade com o que se crê, da constatação do valor pelos resultados e pela lógica dos argumentos, antes que pela força.

Jesus propôs, com seus exemplos de dignidade e força moral, a afirmação do valor pelo exemplo. Diz o ditado popular que "a palavra convence, mas o exemplo arrasta", pois vem acompanhado da força moral irresistível[137] de que fala Kardec nas obras básicas. Gandhi conduziu a Índia à libertação do jugo inglês afirmando sua identidade sem lançar mão da agressão contra seu semelhante, legando um maravilhoso exemplo de força pessoal e coletiva na afirmação de uma verdade e na defesa de uma ideologia. A raiva exacerbada em violência, como forma de autoafirmação, é falha e demonstra o pouco respeito que se tem com a opinião alheia e com a experiência do outro.

Cada um amadurece a seu tempo, não adianta apressar a primavera. A rosa aberta à força não exala o perfume que lhe caracteriza, por estar ainda imatura. A borboleta retirada precocemente do casulo não voa, por não ter ainda amadurecido as asas que lhe capacitam ao voo longínquo. Da mesma forma, o ser espiritual não

---

137. "Os Espíritos têm uns sobre os outros a autoridade correspondente ao grau de superioridade que hajam alcançado, autoridade que eles exercem por um ascendente moral irresistível." Allan Kardec, *O livro dos Espíritos*, questão 274.

desperta senão gradativamente, pois a natureza não dá saltos nem pula etapas essenciais ao aprendizado de cada um:

> Se tua mente indaga: 'Não será possível apressar os ciclos para as sementes germinarem mais rapidamente?', dizemos que deverás dar-lhes sol para aquecer-lhes o brotar, água para saciar sua sede de despertar e um bom terreno para acolher sua explosão de vida. O que sucederá a partir daí não te cabe decidir.
>
> Não é possível um cultivador acelerar a formação das plantas que as sementes abrigam no íntimo; seu trabalho é deixar que se revele a Luz que cada uma traz no interior. Portanto, oferta-as Àquele que faz nascer e morrer todas as coisas.[138]

A alteridade é o aprendizado, o respeito e a inclusão da diferença como fatores importantes da natureza, da vida e propiciadores de crescimento e progresso. O ser humano necessita aprender a desenvolver o senso de valor do esforço alheio, das escolhas alheias, desde que respeitados os direitos individuais de cada um e da coletividade.

Jesus foi exemplar também nesse ponto escolhendo para seu ministério pessoas consideradas as mais condenáveis pela sociedade da época, as menos aptas ao serviço do Senhor, que exigia competência e preparo, segundo a teologia da época. Mas o Mestre evocou em cada um o sentido do bem e do belo, transformando-os em homens de bem, verdadeiros renovadores sociais que Lhe seguiram os exemplos sem se deterem na aparente limitação ou nos diferentes pontos de vista.

A doutrina espírita, revivendo o cristianismo primitivo, propõe o respeito incondicional a todo povo, raça, credo ou ideologia, sem exclusão, embora afirme suas características particulares e seus pontos de vista científicos, filosóficos e religiosos, com clareza, sem deturpação.

---

138. Frase atribuída a Trigueirinho.

7. "Fazer com que os outros se sintam culpados"

A raiva pode ser utilizada como forma de manipulação para gerar a culpa e, assim, direcionar os indivíduos para onde se deseja. A culpa, já foi dito, não gera progresso, e sim vinculações doentias que criam dependências e muitas vezes iniciam processos obsessivos de longa duração. Toda criatura culpada e manipulada, quando percebe seu real valor e a condição de dependência, acaba ressentida daquele que a utilizou para seus propósitos pessoais, gerando mágoas e perturbações de demorada resolução.

8. "Manter um relacionamento"

Às vezes a raiva e a agressividade são as formas de comunicação em uma relação. Os parceiros ou amigos, embora se gostem, não conseguem expressar seu afeto senão de uma forma desvirtuada, muitas vezes se utilizando exatamente do conteúdo emocional contrário. Uma amiga contou-me que sua mãe nunca lhe fez um único elogio. Sua forma de interagir era implicando com ela, dizendo-lhe o que devia ter feito ou criticando suas escolhas.

Há pessoas que ainda não conseguem ser afetivas de fato, utilizando-se de expedientes estranhos como esse, mas há também aqueles que se mantêm dependentes em relações de simbiose espiritual complexa, no processo da auto e hétero-obsessão entre encarnados, sem conseguirem se afastar um do outro ou modificarem o padrão de comportamento. Esse padrão representa um desvio do modelo propiciador de felicidade, apresentado pela doutrina espírita, onde os cônjuges, familiares, amigos ou companheiros de trabalho, reencontrando os antigos desafetos para reajuste, devem concorrer para o despertamento do bem em todos e entre todos, na construção e vivência do afeto sem barreiras, dentro das possibilidades de cada relação.

9. "Manter o papel de vítima"

A raiva, como forma de evitação de sentimentos mais profundos, leva ao estabelecimento ou manutenção do papel de vítimas. A vítima não se responsabiliza por si, não se acredita capaz, e mantém-se dependente da ação do outro para sua paz ou felicidade. O vitimista credita ao outro a culpa por sua infelicidade e espera que ele dê o passo, tome a iniciativa; expressa desse modo uma atitude orgulhosa que distancia e afasta aqueles que mais ama, pela incapacidade de assumir sua corresponsabilidade nos atos geradores das mágoas e dos desentendimentos.

A cura da alma dá-se necessariamente pelo abandono do papel de vítima na vida, com o ser assumindo suas escolhas, interesses, desejos, vontades. O evangelho é uma mensagem de esperança profunda no poder pessoal do homem.

Jesus afirmou:

> Vós sois a luz do mundo (...) não se pode esconder uma cidade edificada sobre um monte; nem se acende a candeia e se coloca debaixo do alqueire, mas, no velador, e dá luz a todos que estão na casa. (Mt 5:14–15)

O papel da doutrina espírita é exatamente auxiliar o ser a fazer contato com sua porção e herança divina, no desenvolvimento dos dons anímicos, as virtudes que são potências da alma. À medida que vai tomando conhecimento de seu poder pessoal e de sua responsabilidade, o homem caminha para etapas mais aprofundadas de ação e serviço, em nome do amor, e passa a valorizar as relações afetivas que lhe foram ofertadas como rotas de realização e alegria genuína.

Jesus coroa seus ensinos chamando o homem ao desenvolvimento dos dons interiores e à vivência do amor, para a glória de Deus:

Assim resplandeça a vossa luz diante dos homens, para que vejam as vossas boas obras e glorifiquem o vosso Pai, que está nos céus. (Mt 5:16)

Subpersonalidades

Para a melhor compreensão do campo íntimo ou das predisposições internas à mágoa, deve-se estudar a própria personalidade, as expectativas, as projeções.

Rubem Alves, psicanalista, educador e teólogo, afirma que ninguém é uma pessoa única, inteira. Ele afirma que cada ser humano é um albergue, onde a cada hora um bota a cara na janela. Isso quer dizer que todos são múltiplos personagens no palco de suas vidas íntimas, mental e emocional. Todos têm o que se pode chamar de subpersonalidades, que seriam instâncias do psiquismo que têm uma máscara apropriada para cada condição ou característica de vida: pai, irmão, tio, avô, colega de trabalho, amigo, inimigo, alegre, triste, autônomo, carente, dentre muitos outros...

Vende-se muito em Minas Gerais aquelas famosas bonecas conhecidas como namoradeiras, que ficam na janela, olhando a rua, com ar de apaixonada. Imaginemos essa subpersonalidade de uma mulher (ou homem) qualquer. Ela tem ideias, valores, sonhos próprios. Ela deseja o príncipe encantado, romântico, galanteador, viril e provedor, imagem típica do homem do velho sistema patriarcal que ainda vigora na mente de muitas jovens da atualidade, embora a máscara de modernidade que ostentam. Essa subpersonalidade interagirá com outras subpersonalidades que lhe sejam complementares, nos encontros e desencontros da vida. E terá expectativas de comportamento, de atitudes. Esperará do outro que aja conforme aquele padrão idealizado.

O ser humano faz em seus relacionamentos, de forma geral, uma projeção de si mesmo, de suas necessidades psicoemocionais, e busca a complementaridade natural. Nada há de errado nisso. Mas para que essa relação cresça como uma relação de subsistência emocional profunda, deve-se haver cumplicidade, honestidade afetiva e partilha real, em que ambos os parceiros conheçam o que pensa e sente aquele que amam, o que se espera, o que se constrói junto. Sem isso, o campo para mágoas, melindres e conflitos está armado.

Imagine-se aqueles modelos de pessoas famosas conhecidos em parques de diversões. Está lá, em papel, plástico ou metal, o corpo representado. O visitante coloca a cabeça no local adequado para se tirar fotos como se fosse aquele personagem. Acontece assim na interação das subpersonalidades. Busca-se aquele que se encaixe nos clichês, idealizações, e embora seja a diferença o que atrai a princípio, à medida que a relação evolui e passa-se a conhecer aquele com o qual se relaciona, em todas as esferas, o ser acaba por entrar em conflito por desejar deformar o outro, conformando-o aos seus interesses, sem respeito às diferenças que fazem únicos e especiais os seres humanos.

A mágoa é uma nódoa no sistema emocional que denuncia a necessidade de melhoria da comunicação nas relações e de ampliação da consciência dos interesses, expectativas, projeções nela envolvidos e da forma como são comunicados ao outro e utilizados para interação na vida.

Perdão é autoconhecimento, entendimento das reais motivações e aceitação dos limites, em si mesmo e nos outros, que acompanha o esforço sereno para modificação do que não represente o ideal que se sonha para a paz interior e das relações.

Trauma e perdão

Há situações, como nas experiências traumáticas, em que o indivíduo é submetido a circunstâncias agressivas que independem de sua vontade consciente, como é o caso de vítimas de guerras, violência sexual e infantil, dentre outras, que marcam o ser profundamente. Nesses casos, a história espiritual de cada um, radicada no passado profundo e no comportamento presente, oferece os elementos de reflexão para o entendimento e aceitação das provas presentes, pela compreensão da lei de ação e reação. Atrai-se as circunstâncias compatíveis com os padrões vibratórios, muitas vezes inconscientes, da alma.

Talvez seja difícil compreender que há uma justiça nesses fatos, mas a compreensão da reencarnação auxilia a perceber os movimentos de reequilíbrio que se fazem presentes. Passado o período da revolta e num trabalho terapêutico bem conduzido, a experiência traumática pode apresentar-se como uma porta de acesso a um nível mais profundo de consciência de si e da vida, numa ampliação de valores, fortalecimento de convicções e aprendizado profícuo para o ser espiritual, imortal, que todos são. Certamente que esse aprendizado poderia se fazer sem necessariamente a experiência traumática. No entanto, há construções espirituais e circunstâncias atraídas que nos lembram a fala de Jesus: "(...) é necessário que sucedam escândalos; mas ai daquele homem por quem venha o escândalo!" (Mt 18:7)

Há justiça e uma finalidade útil, mesmo em meio ao escândalo, à ignorância e à crueldade. A condição de mundo de provas e expiações e as absurdas desigualdades sociais e econômicas colocam todos à mercê de possibilidades de agressão, enquanto o amor não reinar como norma de convivência ou não for a norma pessoal de conduta no uso e usufruto dos bens e das oportunidades ofertadas por Deus a nós, por concessão divina, como estímulo ao crescimento pessoal do ser e o de todos os que o rodeiam.

O perdão é o acolhimento da paz na intimidade e nas relações. É aceitação que não representa submissão, mas ausência de revolta do indivíduo no transcurso da caminhada evolutiva, com acolhimento da sua humanidade e da humanidade do outro, condição fundamental para o retorno da alegria e da felicidade nas suas experiências de vida.

Autoperdão

Se o perdão ao outro é importante, o perdão a si mesmo é essencial no processo evolutivo. O aprendizado na vida está estruturado em erros e acertos, e não há quem não se equivoque, ferindo a si mesmo ou ao próximo, em atitude de desamor, ignorância, crueldade ou sem intenção, por não perceber a profundidade das consequências de suas escolhas.

Autoperdão é a manifestação do autoamor, de uma estima profunda por si mesmo, que é construída na experiência com Deus ou com o amor. O ser humano torna-se semelhante ao deus de suas crenças, assim como as crianças assumem personalidade que espelha as personalidades daqueles que lhes foram genitores ou que fizeram o papel de educadores.

Os ocidentais trazem na intimidade a imagem do deus vingativo e cruel, o Jeová Jiré dos exércitos, poderoso, que pune, castiga, separa. Nesse contexto, o ser acaba adotando consigo mesmo um padrão comportamental semelhante, sendo severo em excesso, não se permitindo o recomeço diante das quedas e determinando a autopunição diante dos erros.

A doutrina espírita esclarece que a reparação das faltas se opera na realização do bem a todos os envolvidos na falta, sobretudo a si mesmo. Autoperdão, com a consequente reparação, não significa apenas a fala interior de afirmação da sua humanidade, da sua possibilidade de equívoco, mas uma atitude segura de amor-próprio que busca os recursos e instrumentos para sanar os danos promovidos em si ou no próximo, para o estabelecimento da paz na consciência e nas relações.

Autoperdão é busca de recomeço, atitude de humildade e submissão aos desígnios divinos e suas leis. É a evitação de sofrimento desnecessário, caminho para a paz da alma que se acolhe com generosidade e compaixão, sem abandonar o rigor dos esforços de autossuperação e autodomínio, que são instrumentos necessários para o estabelecimento da saúde espiritual.

É atitude de introspecção e cultivo dos dons da alma, movimento semelhante ao da lagarta que estaciona no galho, cansada de rastejar e decide-se pela necessária metamorfose espiritual que lhe confira asas para voar alto em direção à luz. É casulo aconchegante e abençoado onde pouco a pouco se abandona o homem velho para o surgimento do homem novo, espiritualizado, comprometido consigo mesmo e com seu processo de crescimento para Deus.

O autoperdão, nesse sentido, é o bem realizado primeiramente por si mesmo, a fim de que se tenha forças e condições de estendê-lo ao próximo, curando as relações e encontrando a alegria de viver, sinal fidedigno de saúde espiritual.

O autoperdão representa uma postura gentil consigo, de modo que se permita recomeçar, tantas vezes quantas forem necessárias para se atingir a meta evolutiva proposta, sem desânimo, lamentação improdutiva, melancolia ou estagnação. Representa o acolhimento de si mesmo na autoaceitação pacífica daquilo que se é, enquanto se esforça para ser aquilo que deve ser.

Perante as atitudes que tenham sido equivocadas para com o próximo, o autoperdão é o movimento da alma que se permite reparar, sem sofrimento obrigatório, o mal que haja semeado, pelo bem intensivo e constante àquele que foi prejudicado.

Ermance Dufaux, pela psicografia de Wanderley Oliveira, esclarece que o que nos caracteriza como espíritas ou cristãos na atualidade não é o fato de sermos bons, de termos virtudes conquistadas, mas o fato de já estarmos cansados, saturados do mal. Somos Espíritos que erramos muito no passado, em vivências religiosas estéreis onde maculamos a mensagem do Cristo, e hoje, fartos de errar e de desejar o mal, ansiamos pelo bem que nos pacifique as consciências.

Estamos a caminho, alguns um pouco mais à frente, com mais conquistas, outros mais atrás, de acordo com o uso de sua liberdade, mas todos estamos a caminho, com poucas conquistas e muitos desafios. Trazemos, de maneira geral, na profundidade de nosso psiquismo muita maldade acumulada que necessita ser drenada e expungida de nossa vida mental e de nosso corpo espiritual, sendo o trabalho no bem o caminho por excelência para aqueles que se perdoaram, permitindo-se recomeçar com esperança, como lírios no lodo, que já demonstram seu perfume.

Everilda Batista[139] complementa dizendo que nosso desafio na atual reencarnação não é o comprometimento com o bem, posto que já realizamos isso em várias existências, por momentos fugazes. Nosso desafio atual, segundo ela, é o comprometimento "definido e definitivo" com o bem como caminho de cura para nossa alma e paz para nossas consciências.

Como perdoar?

Diante de todo o exposto anteriormente, fica o questionamento: Como implementar esse esforço de autoamor e amor ao próximo? Como desenvolver as virtudes que lhe são constituintes?

Trazemos a proposição do Dr. Fred Luskin, no livro *O poder do perdão*, intitulada "Os nove passos para o perdão", que comentamos abaixo. Diz ele:

> 1. "Saiba exatamente como você se sente sobre o que ocorreu e seja capaz de expressar o que há de errado na situação. Então, relate a sua experiência a umas duas pessoas de confiança."

Isso significa: seja honesto consigo mesmo. Não há nenhum problema em reconhecer seus sentimentos contraditórios, que você rejeita ou abomina. O reconhecimento é o primeiro passo para o tratamento das nossas condições íntimas. Ermance Dufaux diz que:

---

[139]. Espírito que dá nome à Sociedade Espírita Everilda Batista, em Contagem, MG, e que orienta os trabalhos da casa.

Quando digo a mim mesmo "não posso sentir isto", simplesmente estou desprezando a oportunidade de autoinvestigação, de saber qual é ou quais são as mensagens profundas da vida mental. Os sentimentos são guias infalíveis da alma na busca de ascensão e liberdade. O autoamor consiste na arte de aprender a escutá-los, de estudar a linguagem do coração.[140]

A partir do reconhecimento, você poderá decidir como deseja se posicionar diante do que sente, qual o caminho a percorrer, onde deseja chegar, dentre outras importantes definições.

A amizade verdadeira é força que alimenta a alma. Quem não tem amigos com quem compartilhar as vivências íntimas, com confiança e intimidade, permanece como a casa fechada sob o sol escaldante, sentindo no peito o abafamento característico do represamento das energias. Desabafar, partilhar com alguém em quem se pode confiar é abrir a janela para a alma respirar. Isto pode ser realizado igualmente com um atendente fraterno em casa espírita séria ou com profissional especializado.

A psicoterapia, em suas várias linhas terapêuticas, é indicada sempre como recurso fundamental de auxílio na introspecção de reconhecimento e higiene da alma. Com o acompanhamento de uma pessoa treinada e experiente, pode-se alcançar altos níveis de percepção de si mesmo, bem como desenrolar o novelo de sua biografia, em busca da cura.

2. "Comprometa-se consigo mesmo a fazer o que for preciso para se sentir melhor."

Ser amoroso consigo mesmo é condição necessária para o alcance do perdão. Necessário relembrar-se, a todo o tempo, do quanto merece retirar das costas o peso da dor, da angústia, do ressentimento.

---

140. Wanderley Oliveira e Espírito Ermance Dufaux, *Escutando sentimentos*.

A neurociência esclarece que quando uma pessoa relembra um fato ou acontecimento, ela revive, na neuroquímica cerebral, a ocorrência real. A memória não é um arquivo estagnado, mas um circuito neural no cérebro físico que responde ao impulso da mente, reproduzindo as produções neuroquímicas do evento original, sempre que este for evocado, gerando os efeitos consequentes à sua natureza e interpretação.

Comprometer-se consigo mesmo é ser dedicado à sua própria felicidade, esforçando-se por cumprir as etapas necessárias para alijar de si a cruz desnecessária da angústia, da tristeza e da mágoa, o que pode demandar tempo longo.

Mas sempre é tempo de começar...

3. "Entenda seu objetivo."

Compreenda o que deseja quando afirma querer perdoar. Imaginemos uma traição conjugal que termine em separação por vontade expressa daquele que efetuou a traição. Qual o objetivo ao desejar perdoar? Encontrar a paz para a alma ou se reaproximar do outro, que não mais deseja? ou os dois ao mesmo tempo? Necessário ter clara a intenção para que o ato de "perdoar" não gere novas mágoas por expectativas irreais e que não dependam exclusivamente de si mesmo.

Saiba aonde quer chegar e determine prazos para nortear sua caminhada, que não precisam ser rígidos, e sim flexíveis, adaptáveis ao longo do processo, mas que representem o que se deseja alcançar em curto, médio e longo prazo. Avalie seus progressos periodicamente analisando se a meta está sendo alcançada, se há obstáculos e quais são eles, quais as novas necessidades apresentadas no processo, dentre muitas outras possibilidades. Analise em parceria com um terapeuta ou amigo maduro que lhe auxilie a enxergar aquilo que talvez você evite de forma inconsciente.

4. "Tenha uma perspectiva correta dos acontecimentos. Reconheça que o seu aborrecimento vem dos sentimentos negativos e desconforto físico de que você sofra agora, e não daquilo que o ofendeu ou agrediu dois minutos – ou dez anos – atrás."

Saiba denominar o que sente. Talvez, em um primeiro momento, seja difícil determinar de onde vem o desconforto e, sobretudo, correlacioná-lo aos eventos já vividos, mas é muito útil ter atenção a sentimentos ou circunstâncias passadas, semelhantes às que vive hoje. Pode ser que a raiva dirigida a um namorado que termina a relação ou a um marido que trai seja intensificada pela raiva reprimida por conta de um pai ausente que nunca assumiu a sua função paterna ou que abandonou a família para viver o que julgava melhor para si, sem atenção às responsabilidades já assumidas e vínculos afetivos criados, por exemplo. Clarear a origem e natureza da emoção e sentimentos presentes é fundamental.

Certa vez, entrei em determinada loja de minha cidade para procurar uma camisa que havia visto anteriormente e estava interessado. Não tinha mais nenhuma na loja, todas haviam sido vendidas, mas o vendedor, muito competente, convenceu-me a experimentar algumas outras para ver se eu gostava. Ao colocar uma delas, e questionar a uma amiga, psicóloga, que me acompanhava, o que ela achara, ouvi do vendedor, que falou espontaneamente, que ela havia ficado ótima em mim. Eu respondi com um sorriso que a opinião dele não contava, visto que as opiniões de vendedores são sempre suspeitas. Antes não tivesse falado nada... na meia hora seguinte, esse homem falou sem interrupção, afirmando de diversas maneiras o quanto era confiável, de boa família, o que já havia feito na vida, o que sonhava realizar e muitas outras coisas. De toda forma, queria convencer-nos que era confiável e tinha bom gosto e classe. Fomos embora rindo da situação, da camisa que não comprei e de como, sem nem imaginar, eu havia cutucado a ferida emocional daquele homem, sem a mínima consciência. Pode ser que ele tenha ficado magoado... caso tenha ficado, seria útil a ele refletir se o que sentiu estava relacionado com aquele momento ou com eventos passados. Certamente há na história pessoal dele circunstâncias de desvalorização pessoal e desprestígio, as quais foram atualizadas, sem querer, naquela fala inocente de um cliente que nem sequer o conhecia.

Assim acontece na vida da gente e são necessários uma atenção e um treino contínuo de autopercepção para evitar maus entendidos com os outros, mas sobretudo consigo mesmo. Um bom diagnóstico é a base da intervenção curativa ou profilática em saúde.

5. "No momento em que você se sentir aflito, pratique técnicas de controle de estresse para atenuar os mecanismos de seu corpo."

Conhecer técnicas de alívio dos sintomas é uma ferramenta importante no processo do perdão. Muitas vezes, a pessoa pode ser envolvida nos efeitos fisiológicos do ressentimento, com sua cascata neuroendócrina, ou vivenciar a agudização de uma dor deflagrada por um estímulo qualquer: filme, música, foto, palavra, encontro...

Existem técnicas importantes de alívio da ansiedade e do estresse, como por exemplo a visualização criativa, a meditação, a respiração holotrópica, dentre outras. Como técnicas de reposição energética, fora do movimento espírita, temos o reiki, o johrei da igreja messiânica, a cromoterapia e a massagem terapêutica.

Na terapêutica médico-espírita encontra-se o passe magnético, humano-espiritual, a água magnetizada, o tratamento espiritual e sobretudo a oração, meio de contato direto com o alto que reabastece o reservatório da alma, acalmando a mente e o coração imediatamente, quando mais sensíveis e habituados estamos a essa intervenção. Essa terapêutica será abordada mais detalhadamente nos capítulos seguintes.

Mas há recursos de autoamor fundamentais que se pode e deve desenvolver em favor de si mesmo.

Houve uma época da minha vida, alguns anos atrás, em que eu estava envolvido em tamanha dor emocional que muitas vezes, andando de carro pela cidade, era acometido de crises de choro e angústia profundas. Nesses momentos, diante da impossibilidade de mudar a causa de meu sofrimento de forma imediata, eu parava o carro, entrava em oração sincera rogando a Jesus o amparo que nunca me faltou e sentia o alívio parcial importante que me permitia o centramento necessário. Com o desejo de alimentar o amor por mim mesmo, eu colocava a mão em meu peito, à altura do coração, e o massageava sobre a roupa, carinhosamente, dizendo para mim mesmo: "Tenha paciência, vai passar..." E o restante da dor diluía-se, progressivamente, permitindo-me prosseguir. Até que ela se foi, permanentemente.

Sofremos muito mais pelo amor que não nos damos do que por aquele que aparentemente nos falta do outro.

Outro recurso muito útil é a medicação homeopática, que trata o organismo a partir do conjunto dos sintomas, reequilibrando a energia vital, a partir do estímulo proporcionado por medicamento compatível, selecionado segundo a lei de semelhança, por profissional médico capacitado, levando-se em consideração os sinais e sintomas físicos, psíquicos e emocionais. A homeopatia é ciência vitalista que entende o organismo como um todo e trata-o auxiliando a natureza do indivíduo a ser o melhor que deve ser, desimpedindo o fluxo da vida.

Há também os florais de Bach, de Minas, californianos, dentre outros, prescritos por terapeutas florais não médicos, com formação comprovada, como alguns psicólogos, por exemplo, que auxiliam na questão emocional.

Então é importante aprender a reconhecer os mecanismos de alívio dos sintomas físicos e emocionais com o propósito de suportar o período de dor física e emocional mais acerba ou os efeitos crônicos de eventos traumáticos, enquanto se caminha para a cura, pelo autoconhecimento e pela autotransformação.

6. "Desista de esperar, de outras pessoas ou de sua vida, coisas que elas não escolheram dar a você."

Aprender a ter expectativas reais é um passo fundamental na busca pelo perdão.

Qual o nível de intimidade e confiança que há nas relações que você estabelece com os outros? O quão fiel é ao que sente e o quanto se permite ao outro sentir livremente? O que espera de seu emprego, patrões, empregados, dentre outros? A expectativa deve ser baseada em possibilidades reais, para que não gere frustração, cobranças e mágoas...

7. "Coloque suas energias em tentar alcançar seus objetivos positivos por um meio que não seja através da experiência que o feriu. Em vez de reprisar mentalmente sua mágoa, procure outros caminhos para seus fins."

Não é inteligente nem eficaz buscar alcançar novos resultados utilizando velhas estratégias que já se mostraram ineficazes. Para se modificar a realidade, é necessário atualizar os instrumentos, rever conceitos. O ressentimento é atitude improdutiva que age a serviço da autopunição. Essa, por sua vez, está movida pelo sentimento de culpa e de menos valia ou pelo sentimento de que não se é merecedor da felicidade. Esses sentimentos podem vir de passado longínquo e da nossa percepção em nível subconsciente dos equívocos cometidos ou dos crimes praticados que nos colocam em distonia com a lei do amor.

Em todo o caso, a visualização da meta a ser alcançada e o reforço positivo são ferramentas eficazes de contenção dos impulsos autodestrutivos, a pulsão de morte de Freud, e de atração das circunstâncias felizes que se almeja.

8. "Lembre-se de que uma vida bem vivida é a sua melhor [resposta]. Em vez de se concentrar nas suas mágoas – o que daria poder sobre você à pessoa que o magoou –, aprenda a buscar o amor, a beleza e a bondade ao seu redor."

Já se sabe que todos encararão, mais cedo ou mais tarde, o fruto de suas escolhas. Permanecer focado no outro, sendo movido por sentimentos de vingança, só atrasa o processo de cura interior e, muitas vezes, agrava o adoecimento. O foco é no próprio coração, na vontade firme de se encontrar e se superar, seguindo o ritmo e a direção ditadas pelo sentimento de autoamor. O grande trabalho da vida é deixar de disputar com o outro, abandonar o desejo de superação do próximo, para vencer a si mesmo, na conquista de autodomínio. O orgulho impõe competição, a humildade pede aceitação. Deixar a vida seguir seu rumo e seu ritmo, na guiança divina, é decisão sábia daquele que se assenhoreia do seu destino, utilizando com responsabilidade a liberdade dada pelo criador. Da justiça, se incumbirá a vida, de acordo com as circunstâncias reais dos acontecimentos, que só a sabedoria divina sabe avaliar sem equívocos.

9. "Modifique a sua história de ressentimento de forma que ela o lembre da escolha heroica que é perdoar. Passe de vítima a herói na história que você contar."

Perdoar é, efetivamente, um ato heroico. Jesus convida-nos a fazê-lo infinitas vezes, tantas quantas forem necessárias para pacificar as relações, os compromissos do passado e do presente. É importante não esquecer que as provas são instrumentos necessários da vida para o progresso, e todos as terão. Todos estarão sempre desafiados em seus limites, de forma a expandir continuamente a consciência na direção do infinito. Você se encontrará ao longo da jornada com inúmeros Espíritos que lhe acompanharão em sua trajetória, por um determinado período, partilhando consigo suas experiências. Ombrear-se-á com aqueles com os quais tenha compromissos morais, advindos do passado, até que o amor se construa na relação e todos se façam irmãos de fato.

Perdoar é humano e também divino. Deus não necessita fazê-lo, pois não se ofende, está inacessível às possíveis agressões ou provocações humanas. O desafio é nosso, na relação entre iguais, entre dois seres humanos. Compete-nos o dever de assumir o heroísmo do perdão em nossa trajetória, na atitude silenciosa, íntima, pessoal de pacificar a nossa consciência pelos atos de amor que empreendamos em favor da vida, do outro, de todos.

Perdão – profilaxia da obsessão

> Reconcilia-te sem demora com teu adversário enquanto estás a caminho com ele, para que não suceda que ele te entregue ao juiz, e que o juiz te entregue ao seu ministro e sejas mandado para a cadeia. Em verdade te digo que não sairás de lá enquanto não pagares o último ceitil. (Mt 5:25–26)

A vida registra os mínimos atos de cada vida. Há, no éter universal, o registro completo das mínimas atitudes de cada um, de toda a história. No entanto, é a consciência o grande tribunal onde se operam as análises profundas de nossa trajetória.

As ofensas ao semelhante promovem feridas de longo alcance no coração afetado e em todos os que indiretamente a ele se vinculam. Obsessões de longo curso são iniciadas com pequeninas ofensas e descuidos que vão se avolumando e agigantando à medida que o tempo passa, sem a presença do perdão, do entendimento, da concórdia.

O evangelho nos recomenda prudência nas relações para a profilaxia dos quadros graves de obsessões, que podem se arrastar por vidas afora. Cada qual é responsável por suas intenções e ações, devendo cuidar delas e de seus efeitos.

Quando a consciência nos acuse de algo termos feito contrariamente à lei do amor, para com nosso semelhante, devemos buscar o entendimento e o perdão mútuo, como preventivo de doenças da alma mais sérias.

Afirma André Luiz:

> Cada consciência é uma criação de Deus e cada existência é um elo sagrado na corrente da vida em que Deus palpita e se manifesta. Responderemos por todos os golpes destrutivos que vibramos nos corações alheios e não nos permitiremos repouso enquanto não consertarmos, valorosos, o serviço de reajuste.[141]

O aproveitamento do tempo é essencial. Não se deve deixar para amanhã o que se pode curar hoje. Talvez amanhã seja tarde, a situação esteja agravada ou não se tenham as condições de se redimir, sem tormento, dos débitos consciencias contraídos na vida de relação.

Jesus orienta-nos a procurar aqueles que ofendemos – ou que nos ofenderam – e abrir-lhes as portas do coração, sem medo. Se o outro não desejar ou não aceitar nosso pedido de perdão – ou o nosso perdão –, a responsabilidade será dele. Cada um responderá apenas por si e por suas intenções e realizações na vida.

Diz Emmanuel:

> Conforme os princípios de causa e efeito que nos traçam a lei da reencarnação, cada qual de nós traz consigo a soma de tudo o que já fez de si, com a obrigação de subtrair os males que tenhamos colecionado até a completa extinção, multiplicando os bens que já possuamos, para dividi-los com os outros, na construção da felicidade geral.[142]

---

[141]. Francisco Cândido Xavier e Espírito André Luiz, *Ação e reação*, p. 97.
[142]. Francisco Cândido Xavier e Espírito Emmanuel, *Companheiro*, p. 4.

Ninguém se redimirá deixando na retaguarda corações sofridos por consequência de sua ação ou de sua inação. O processo evolutivo vincula-nos uns aos outros de maneira tão perfeita que só temos uma opção: amar. Se permanecemos em laços de ódio ou vingança, gerando feridas físicas e emocionais uns nos outros, algemamo-nos aos compromissos morais até que o amor nos liberte. Se amamos, vinculamo-nos eternamente pelos laços do coração. Toda a vida está estruturada para que os filhos de Deus se curem, aprendendo a amar e irmanando-se no auxílio mútuo ao progresso, que é inexorável. ∎

Ninguém se redimirá deixando na retaguarda corações sofridos por consequência de sua ação ou de sua inação. O processo evolutivo vincula-nos uns aos outros de maneira tão perfeita que só temos uma opção: amar.

Fé
sintonia com a vontade divina

> " Vai, a tua fé te curou.
> — Jesus (Lc 8:48)

Importante a atitude do Cristo perante aqueles que foram curados por sua intervenção. Em todos, o mestre reforçava que a fé havia sido o elemento fundamental de cura interior.

A fé, conforme expresso em *O Evangelho segundo o espiritismo*:

> No homem, a fé é o sentimento inato de seus destinos futuros; é a consciência que ele tem das suas faculdades imensas depositadas em gérmen no seu íntimo, a princípio em estado latente, e que lhe cumpre fazer que desabrochem e cresçam pela ação da sua vontade.[143]

O trabalho de Jesus enquanto terapeuta e médico divino foi exatamente o de acordar as consciências para seu papel no universo e para a possibilidade de vivência do amor e das virtudes que lhe compõem o espectro infinito de possibilidades do filho de Deus.

Para Paulo de Tarso, "a fé é o firme fundamento das coisas que se esperam e a prova das coisas que se não veem." (Hb 11:1)

A fé divina testemunha a esperança e a confiança na sabedoria de Deus. Ela é fruto do binômio conhecimento–experiência. A doutrina espírita propõe que a base da fé inabalável é a inteligência desenvolvida no uso da razão, que nos caracteriza como humanos.

> A fé necessita de uma base, base que é a inteligência perfeita daquilo em que se deve crer. (...) A fé raciocinada, por se apoiar nos fatos e na lógica, nenhuma obscuridade deixa. A criatura então crê, porque tem certeza, e ninguém tem certeza senão porque compreendeu. Eis porque não se dobra. Fé inabalável só é a que pode encarar de frente a razão, em todas as épocas da humanidade.[144]

---

143. Allan Kardec, *O Evangelho segundo o espiritismo*, cap. XXIX, item 12.
144. Idem, ibidem, itens 6 e 7.

Associado ao uso da razão está o sentimento que dá ao ser livre acesso à experiência do sagrado, do belo e do bom, manifestações do divino na vida. O sentimento franqueia a comunhão com Deus de forma direta, quando conectado à alma. "Não basta que dos lábios manem leite e mel se o coração não está a eles associado", diz *O Evangelho segundo o espiritismo*.

A alma amadurecida nas experiências da vida sente Deus, ainda que não consiga traduzir em palavras sua crença e confiança. A guiança divina opera-se por meio da inspiração de sabedoria e da comunhão de sentimentos bons, que reflitam a essência de Deus e do homem, Seu filho.

A fé é a janela da alma, a qual liberta o homem da prisão do ego e o centra na presença do eu superior, permitindo ao Espírito, ser inteligente criado pela Inteligência Suprema do universo, respirar e alimentar-se da presença imanente de Deus que é permanente.

A razão, atributo superior do homem, permite ao ser analisar e conjugar os elementos do conhecimento que atestam a presença de Deus e a sabedoria que guia e ordena o cosmos, manifestando-se tanto no macro quanto no micro de forma semelhante. O sentimento, potência da alma, conecta o ser à fonte, de onde verte toda a vida, dando-lhe o preenchimento interior de conexão, pleno de sentido e significado profundo.

Há em todos os povos e em todas as épocas da humanidade o sentimento inato de adoração ao Criador, traduzido nas mais diferentes culturas como o permitiam o conhecimento, mas guardando-se sempre as noções primordiais de força, ordem e amor.

O livro dos Espíritos:

651. Houve povos desprovidos de todo sentimento de adoração?
— Não, nunca houve povos ateus. Todos compreendem que acima de tudo há um ser supremo.

652. Pode-se considerar a adoração como tendo origem na lei natural?

— Ela está na lei natural, pois é o resultado de um sentimento natural no homem. Eis porque se encontra entre todos os povos, ainda que sob formas diferentes.

O desenvolvimento da fé dá-se pelo desenvolvimento da experiência com o sagrado, com o divino. Em nossa cultura judaico-cristã, a fé estimulada na figura de Jesus em grande número de crentes desenvolveu uma confiança irrestrita que os alimenta e impulsiona avante na vida. Porém, uma boa parte dos fiéis, em função da apresentação de uma fé cega e irracional, cheia de dogmas e imposições, acabou por se afastar do contato com a religiosidade e a espiritualidade.

A visão do deus cruel, já citada anteriormente, preenche o homem do temor, que inclusive é alimentado por algumas igrejas, e o desconecta do sentimento inato da presença do Pai.

O homem clama por Deus, a criatura anseia o colo do Criador, com a mesma intensidade que a criança pequenina anela o seio materno, onde encontra a fonte de nutrição e de afeto que a permite crescer e desenvolver-se em equilíbrio.

O medo do pecado impede o homem de um contato mais profundo com o Pai e as noções originais apresentadas por Jesus perdem-se, em meio às fantasias hodiernas.

O Cristo chama Deus de *Abba*,[145] que significa paizinho e traduz intimidade e conhecimento. Sua integração era tão firme e fiel a ponto de Ele afirmar que aquele que O visse, veria a Deus, pois Sua vontade era fazer a vontade Daquele que O enviara...

---

[145]. A palavra *Abba* aparece três vezes nas escrituras: uma na fala de Jesus (Mc 14:36) e duas vezes na fala de Paulo (Rm 8:15 e Gl 4:6).

A fé é a experiência da entrega, da busca consciente pela seiva da vida.

Quando, na oração do "Pai Nosso", Jesus ensinou a rogar a Deus que seja feita a Sua vontade e não a nossa, deu-nos o roteiro seguro para a paz de consciência e a felicidade.

O orgulho é a ilusão de poder que a criatura desenvolve no desejo de manter-se na autossuficiência, na fantasia de ser capaz de agir no mundo longe da presença divina e que gera as neuroses de todos os matizes. A fé é a medicação que nos permite a sintonia com a vontade divina, abrindo campo para que ela se expresse e manifeste-se em nós, direcionando-nos, utilizando-nos, no reconhecimento de que a vontade do Pai é soberana, queiramos nós ou não.

A fé é, ainda, uma forma de interpretar a vida, de fazer uma releitura das circunstâncias pelas lentes da intuição, da inspiração e da sabedoria, que se externa sempre de forma simples e sem alarde, no próprio sujeito e em torno de si.

Desenvolvê-la é curar a alma da angústia da separatividade que está expressa no símbolo de Adão e Eva, apartados do paraíso íntimo, pela descoberta do bem e do mal ou pelo estabelecimento da dicotomia no reino do si, onde o ser é inteiro.

A cura passa necessariamente pelo desabrochar da entrega e da confiança soberana em Deus. É imperioso desenvolver a certeza do amor divino e a convicção de que esse amor, sempre perfeito, nos guiará invariavelmente para o melhor, no uso responsável da liberdade que Ele nos concedeu. Abandonar a neurose da autossuficiência ou os conceitos equivocados que nos ofertaram do Criador, compreendendo as leis por Ele criadas e nosso papel nelas, é caminho de libertação do sofrimento e de encontro da alegria e do prazer de viver.

No livro *Curando nossa imagem de Deus*,[146] encontra-se um belíssimo exemplo de reavaliação da figura divina. Os autores relatam o caso da mulher que comparece perante Deus, em visualização criativa, tomada de angústia, pois seu filho havia tentado o suicídio e ela imaginava o que ele encontraria no outro lado da vida, caso chegasse a concluir o ato. Dentro de sua crença cristã, o filho amargaria a eternidade nas chamas do inferno, e isso a enchia de angústia e desespero. No entanto, na visualização que faz, vê-se diante do trono de Deus, junto a seu filho, que se encontra muito envergonhado e só. Ela o abraça, na ternura de mãe e busca olhar a Deus, representado na figura antropomórfica de um velho barbudo, em seu trono reluzente. É quando ela percebe que Deus se levanta, desce do trono, abraça a ambos, e os três, ela o filho e Deus, choram juntos... Nesse instante, sua alma cura-se da ilusão do deus cruel, vingativo e punitivo, concluindo que Ele não pode amar menos que uma mãe ama, devendo, ao contrário, ultrapassar esse amor em manifestações de misericórdia e sabedoria. Os autores concluem que Deus fornecerá ao homem tantas experiências de amor quantas forem necessárias, a fim de que nenhuma alma se perca do rebanho divino.

A doutrina espírita informa que a fé é a convicção do amor divino que estruturou todo o universo e o sustenta de forma equilibrada e ordenada. Cumpre a cada um conscientizar-se do papel destinado a si na obra da criação.

Todo o trabalho de Jesus foi para desenvolver a consciência de cada ser como filho de Deus, digno de amor, fonte de amor.

---

146. Mathew Linn, Sheila Linn e Dennis Linn, *Curando nossa imagem de Deus*, pp. 17–19.

A fé e as obras

Porém, para que seja frutuosa, a fé deve se expressar em obras, internas e externas, que lhe atestem o valor e a profundidade da presença do divino no ser.

Dizem-nos os apóstolos Tiago e Paulo, respectivamente:

> Porque, assim como o corpo sem o espírito está morto, assim também a fé sem obras é morta.

> Bem vês que a fé cooperou com as suas obras, e que, pelas obras, a fé foi aperfeiçoada. (Tg 2:22,26)

> A fé age por meio do amor. (Gl 5:6)

Toda a mensagem cristã é um exercício de desenvolvimento da fé nas obras e das obras pela fé. Jesus afirmou que não bastava dizer "Senhor, Senhor", mas que o coração deveria estar conectado nesse senhor, buscando socorrer aqueles que o representam na Terra, na figura dos sofredores de todos os tempos. Os famintos, os nus, os presos, os cegos, os coxos e os estropiados são os necessitados aos quais somos todos convidados a servir, servindo a Jesus em nome de Deus.

Debalde se esforça o homem por desenvolver a ciência no afã materialista de explicar a vida e suas manifestações pela obra do acaso. Há uma ordem perfeita guiando a tudo, embora a sabedoria do Pai reserve ao homem uma parte de esforço e participação na obra do universo, permitindo-lhe conquistar, por si mesmo, a herança de paz e felicidade a que está destinado.

Afirmar os próprios valores em uma sociedade que não valoriza os dons espirituais, centralizada no consumismo e na materialidade, é um grande desafio de cura interior. Saber colocar limites para si mesmo, com o despertar do senso coletivo, é caminho de pacificação da intimidade. A qualquer momento o homem pode ser chamado ao encontro consigo, com suas obras, no fenômeno biológico da morte, e somente as conquistas íntimas serão eternas, somente sua fé será seu porto seguro e a consciência da vida espiritual, o auxiliar eficaz no autoenfrentamento a que ninguém fugirá, incontáveis vezes ao longo das existências sucessivas.

O espectro de percepção da mente humana é muito limitado para abranger a grandeza da criação. Contudo, em toda parte vige a riqueza de detalhes harmônicos regendo a vida, em suas mais variadas formas, e, na própria intimidade do homem, a complexidade biológica dos variados sistemas atesta a grandeza de Deus.

Quando o homem fere a vida, fere a si mesmo, nela manifesto. Já se disse que não se pode ferir uma grama no campo sem afetar a estrela mais distante. Tudo está interligado e correlacionado.

As obras ou a determinação consciente do indivíduo vinculam-no às almas e circunstâncias eleitas das quais se abastecerá, na retroalimentação contínua e natural da afinidade e da sintonia. A fé é também a consciência desse processo, o entendimento desse mecanismo perfeito. Ela promove a libertação da rebeldia, o abandono do desejo de disputa com o Pai e a adequação ao lugar e papel que nos compete no universo.

A evolução processa-se não apenas pela utilização do raciocínio e da razão, mas pelo desenvolvimento da intuição, da inspiração que orienta o ser no direcionamento desejado pelo Senhor, na obra do universo.

Pela fé, grandes obras foram erguidas na humanidade em nome do amor, e por ela a humanidade se encontrará na grandeza de sua herança divina, de sua potência interior, conjugando-se à vida, e o homem, filho de Deus, poderá dizer, de alma e coração abertos: seja feita, Senhor, a Vossa vontade acima da nossa... ∎

Pela fé, grandes obras foram erguidas na humanidade em nome do amor, e por ela a humanidade se encontrará na grandeza de sua herança divina, de sua potência interior, conjugando-se à vida, e o homem, filho de Deus, poderá dizer, de alma e coração abertos: seja feita, Senhor, a Vossa vontade acima da nossa...

Autoamor
e holoamor
síntese da cura

" Amai ao próximo como a ti mesmo.
— Jesus (Mt 22:39)

Sendo a saúde a relação real criatura–criador, conforme afirma Joseph Gleber, o contato com o amor é a medicação segura para o reencontro do ser consigo mesmo, na autocura, bem como o sinalizador da reconexão com o Pai.

O apóstolo João afirma, categórico: "Aquele que não ama não conhece a Deus porque Deus é amor." (1Jo 4:8)

Imprescindível, portanto, desenvolver a capacidade de amar.

O autoamor, representa a conexão profunda com a valorização da vida e da maravilha de Deus que somos cada um de nós. Ele se traduz em autoaceitação, autoperdão, acolhimento da sombra e desenvolvimento das virtudes, dentre outros comportamentos.

Quem se ama investe em si, cuida-se, preserva-se do mal.

Autoconhecimento

"Amar-se é ir ao encontro de si mesmo."[147]

O autoconhecimento é propiciador da base para o autoamor. Amar-se não significa ser conivente com os erros, passivo diante das dificuldades íntimas ou negligente perante os deveres. Significa ser indulgente consigo mesmo, paciente diante dos desafios e perseverante perante a luta por autodomínio e autossuperação.

Aquele que se ama se acolhe com generosidade, permitindo-se ser o que é, valorizando seus aspectos luminosos, sua beleza interior, enquanto luta para ser aquilo que deve ser ou que deseja ser.

Egoísmo, vaidade e orgulho

Necessário distinguir autoamor de egoísmo, vaidade, orgulho e arrogância.

---

[147]. Frase atribuída a Carl Gustav Jung, discípulo e dissidente de Freud, criador da psicologia analítica.

Egoísmo é a centralização no eu, na *persona*, na máscara, enquanto o autoamor é o centramento no eu superior, na parte sábia, divina que há em nós. Egoísmo é a busca por satisfação pessoal a despeito do outro, ou ainda em desconsideração franca ao outro, enquanto o autoamor é a preservação de limites, prevenção de abusos, estabelecimento de espaços vitais seguros, capazes de possibilitar ao ser que traga à tona o seu melhor, em sua vida, em sociedade, para o seu bem-estar e o cumprimento de seus deveres perante o próximo e suas necessidades íntimas.

O autoamor contempla o coletivo e o serve, pois o indivíduo conectado consigo mesmo evoca o melhor de si para ofertar ao outro e está em sintonia com suas responsabilidades espirituais. O contrário do egoísmo, mas ainda distante do autoamor, é a busca desesperada por auxílio ao outro, sem as condições mínimas de subsistência emocional para esse tentame.

Há uma imagem simples que ilustra bem essa diferença.

Quando se voa de avião, antes da decolagem, ouve-se das aeromoças as instruções de segurança do voo. Em certo momento é dito: se ocorrer despressurização da cabine, máscaras de oxigênio cairão sobre suas cabeças. Coloque primeiro a máscara em você para depois auxiliar uma criança, idoso ou quem esteja ao seu lado necessitando ajuda. A condição salvacionista, que demonstra despreparo e imaturidade perante a vida, é aquela que tenta desesperadamente colocar a máscara no outro, esquecendo-se de colocar em si, antes. É diferente da renúncia, que representa a doação consciente em favor do outro como exercício de amor, o que é altamente meritório e construtivo. Mas só consegue renunciar quem se conhece e se ama profundamente. O autoamor é aquela postura que demanda que o indivíduo coloque primeiro a máscara em si e depois se dedique a auxiliar a quem necessite, na consciência de seu papel de servidor. O egoísmo determina a centralização exclusiva em si e faz com que o ser, além de colocar a máscara em si, guarde a do outro, pois a sua pode falhar ou pode ser necessária mais de uma para si... O egoísta não se importa com o sofrimento do outro que está ao lado, só enxerga suas próprias necessidades.

O autoamor serve à vida. Aquele que se ama movimenta o que seja útil e necessário para sua subsistência, sabendo perceber a necessidade alheia e sabendo inclusive renunciar em favor dela, com consciência e sacrifício, quando tal seja solicitado pelo coração, em sintonia com as fontes superiores da vida.

Autoamor é diferente de vaidade.

Alguém pode desejar estar mais bela e arrumar-se, ir ao salão, fazer as unhas, comprar roupas novas, experimentar novo corte de cabelo, e tudo isso estar a serviço do autoamor, quando esse movimento represente resgate do prazer em estar bela para si, para sua alegria, para seu contentamento e também para o outro. Pode ser que alguém se encha de contentamento por algum feito ou realização e compartilhe isso com os amigos, demonstrando a satisfação pela sua iniciativa ou produção, bem como os efeitos delas. Isso tudo é muito saudável e representa a autoconsideração e o autorrespeito.

A vaidade que se opõe ao autoamor é aquela condição íntima de dependência da imagem, do retorno do outro, do aplauso e da bajulação. Uma condição de exterioridade que não leva em conta a alegria íntima de seguir o próprio coração, mas tem o referencial no que o outro pensa ou ache de si, necessitando que o outro o incense constantemente para suprir a falta do amor e do valor que não se dá ou que não encontra aprovação em sua própria consciência.

Emmanuel esclarece que "Ninguém se redimirá sem se libertar da opinião alheia sobre si e definir sua individualidade."[148]

O autoamor é filho da humildade, da consciência de si, não se confunde com o orgulho, que representa a exacerbação do ego. O orgulho é uma ilusão de poder e valor pessoal, uma fantasia de supremacia ou importância que leva o indivíduo a se acreditar melhor e mais capaz que o outro, subestimando-o.

---

[148] Francisco Cândido Xavier e Espírito Emmanuel, *Pão nosso*.

O orgulho é o pai de todos os vícios, o grande desafio a ser vencido no desenvolvimento da humildade, que representa a exata consciência do valor pessoal, da grandeza íntima diante da grandeza do universo. O humilde não se subestima, não se diminui, tem a exata noção de seu lugar e papel no universo e opta pela simplicidade como meio de vida.

O autoamor promove a postura humilde de reconhecimento do ponto em que o ser se encontra no processo evolutivo e dos esforços que competem a ele empreender para alcançar aquilo que deve ou deseja.

Um grande exemplo de humildade é Chico Xavier, médium fiel a Jesus e mineiro do século, que frequentemente se dizia "cisco" ou "grama", por ter uma visão muito ampla da imensidão do universo e das leis divinas, colocando-se pequeno diante delas, mas sem desvalorizar a sua parte e responsabilidade no que lhe competia. Agia sintonizado com essa percepção ampliada da vida e fazia o seu melhor, sem se diminuir, manifestando aquilo que trazia de bom e colocando-se de boa vontade como instrumento da vida para o que ela lhe determinasse.

Autoamor não se coaduna com arrogância ou prepotência, pois não se crê na condição de impor sua verdade ao outro, nem violentar consciências. Aquele que se ama conhece o limite do que sabe, pode e deve na vida, permitindo-se ser o seu melhor, sem acreditar que aquilo que alcançou é o melhor que há na vida ou no mundo.

Autoamor e alteridade andam par a par.

O ser humano exercita, na relação com o outro, o desenvolvimento do autoamor, aprofundando-se no conhecimento de si. É na dinâmica relacional que o ser se vê projetado nos espelhos alheios daqueles com os quais convive no dia a dia, com suas belezas e feiuras, virtudes e defeitos. Quanto mais se aprofunda nas relações afetivas reais, mais caminha na direção de si mesmo. É um dos significados da cruz. À medida que se conhece o outro na horizontalidade das relações, passa-se a se conectar mais profundamente consigo mesmo e, por consequência, com Deus, na verticalidade da vida.

O desenvolvimento da autoestima na prática de Jesus

> E ele disse: Vem. E Pedro, descendo do barco, andou sobre as águas para ir ter com Jesus. (Mt 14:29)

Dentre todas as atitudes pedagógicas do Cristo, a que mais se destaca e exerce um papel de fundamental importância na transformação interior é o resgate ou reconstrução da autoestima baseada no amor.

A forma como o indivíduo se vê e se sente, determinada por seu conjunto de valores e pelo condicionamento emocional e sentimental definido pela educação, especialmente a dada pelos pais, caracteriza a estima pessoal, o valor que se dá e que por sua vez influenciará a sua forma de atuação em sociedade.

Observa-se na conduta terapêutica do Mestre um contínuo foco na beleza e na capacidade interior do ser humano. Ele afirmou: "Vós sois deuses" (Jo, 10:34) e "Vós podeis fazer o que eu faço e muito mais." (Jo, 14:12)

Jesus procurou convidar para seu discipulado os personagens mais obscuros de sua época, aqueles homens simples que não eram valorizados: os pescadores, classe rejeitada, os publicanos, cobradores de impostos que agiam com desonestidade, as meretrizes, a mulher samaritana e muitos outros desprezados.

Vê-se representados no colégio apostólico do Cristo os mais variados tipos humanos, todos centralizados em um único aprendizado: amar a Deus sobre todas as coisas, amar-se e amar ao próximo como a si mesmo.

O trabalho do Cristo convida o ser humano a focar sua atenção naquilo que é perene, imperecível, eterno: os valores da alma, ou do espírito, onde quer que ele se encontre, no corpo físico ou fora dele. O Cristo conhecia o velho sistema de valores da comunidade judaica e o íntimo humano de tal forma que O capacitava a agir com sabedoria, ajudando escribas, fariseus, doutores da lei, camponeses e prostitutas a modificar a forma de entender a vida e se inserir no universo, expandindo a capacidade de autoamor. Esse invariavelmente culminava no holoamor, derivado do estado de bem-estar íntimo proporcionado pela conscientização de seu valor como ser espiritual.

Jesus eliminava a culpa e os estados de autodepreciação dos seres convidando-os a perceber as potencialidades inatas que traziam em sua bagagem interior. E o fazia acolhendo no amor aqueles seres renegados de toda sorte, reabilitando-os para a vida em sociedade com dignidade e com valores renovados no amor experimentado.

Jesus amava indistintamente e em todos atuava de forma a desenvolver-lhes a capacidade de serem livres-pensadores, sensibilizando-os para exercerem o amor que lhes havia sido negado pela sociedade.

Seres que se consideravam feios, sujos, reprováveis encontraram em seu olhar uma força diferente que os convidava a sair da posição de vítimas, coadjuvantes da vida, e assumir o papel principal, estrelando o amor em suas trajetórias particulares. Isso somente era possível porque Jesus enxergava a essência de cada indivíduo, o íntimo mais profundo de cada ser espiritual ali presente, e transcendia a análise da personalidade para trabalhar a individualidade imortal. Ele fazia com que os homens e as mulheres se conectassem com a força divina que os criou e os mantinha, o amor, e passassem a sentir-se parte dessa realidade, atuando nela e com ela para a construção de um estado de tranquilidade interior a refletir-se no exterior, o que chamamos paz.

A cura interior de Pedro

A figura de Pedro chama a atenção especialmente por sua humanidade e por seu desenvolvimento. Quando convidado por Jesus para se tornar pescador de homens e almas, ele era apenas simples trabalhador do mar, que mantinha a família com o seu trabalho honesto em companhia de seu irmão.

Pedro acompanha Jesus, movido pelo intenso magnetismo do Cristo que o cativara, e aos poucos vai descobrindo-se fonte também. Ele demonstra sua humanidade alternando a sintonia com a luz e com as sombras, como o atestou Jesus (Mt 16:22–23), ou manifestando sua incredulidade, solicitando a Jesus que o fizesse também andar sobre as águas (Mt 14:28). Quando instado pelo Mestre a novamente lançar a rede ao mar, ele experimenta o desenvolvimento da fé, na magistral afirmativa: "(...) havendo trabalhado toda a noite, nada pegamos, mas porque mandas, lançarei novamente a rede." (Lc 5:5)

E foi tão grande o número de peixes que colheram que necessitaram de outro barco para não naufragarem com o peso da carga... O mesmo Pedro fere a orelha do centurião que prende Jesus (Lc 22:51), intentando defendê-Lo, e acompanha o Senhor na via dolorosa, enquanto é interrogado por aqueles que aplaudiam a crucificação do nazareno (Jo 18:17).

Pedro, em atitude de desconexão com seu coração, na vivência do medo, nega Jesus, demonstrando a sua incapacidade momentânea de testemunhar a sua fé. Envolvido na dor que a constatação de seus limites lhe impõe, Pedro observa Jesus passar e vê seu olhar que o lembra: "Tu és pedra, e sobre ti erguerei minha igreja"...

Naquele instante, Pedro evoca o autoamor para se dar o direito de perseverar e recomeçar, a fim de ser digno da confiança de seu mestre e capaz de testemunhar o que fosse necessário em nome de Jesus. Sua transformação foi tão grande que observamos no relato bíblico um Pedro apóstolo, chefiando a casa do caminho, agindo como um legítimo cristão e promovendo-se a médium de Deus como podemos ver na narrativa do ato dos apóstolos:

> E a multidão dos que criam no Senhor, tanto homens como mulheres, crescia cada vez mais, de sorte que transportavam os enfermos para as ruas e os punham em leitos e em camilhas, para que ao menos a sombra de Pedro, quando este passasse, cobrisse alguns deles. E até das cidades circunvizinhas concorria muita gente a Jerusalém, conduzindo enfermos e atormentados de Espíritos imundos, os quais todos eram curados. (At 5:14-16)

Somente um coração conectado a si mesmo, na constatação de suas reais possibilidades, limites e metas, poderia fazer o que Pedro fez.

Vemos a mesma metamorfose acontecer com Saulo de Tarso (At 9:1-31), que acolhe seus erros e parcial desvio de rota, mantendo seu amor pela lei, mas redirecionando suas energias para outro foco de atuação e tornando-se Paulo, o apóstolo. Perante seus equívocos, ele rejeita a culpa, entra no arrependimento sincero e evoca o autoamor a fim de prosseguir avante para onde Jesus o enviasse.

O arrependimento é parceiro do autoamor, é força que promove o progresso. Já a culpa, filha do orgulho, estagna o ser e obstaculiza a evolução, determinando autopunição desnecessária, sofrimento evitável.

O autoamor promove o ser na direção de seus sonhos, garante forças para agir nos momentos de testemunho e fidelidade aos ideais nobres da alma, quaisquer que sejam eles. No desenvolvimento do autoamor, consiste a cura da alma.

Ele dá ao ser a noção exata de suas capacidades. O ser conectado ao autoamor busca o seu melhor para ofertar ao outro. Esse melhor não necessariamente representa o que o outro deseja, mas o que se tem para ofertar, que pode ser muito melhor do que se desejava. É ainda com Pedro que vamos aprender que o autoamor oferta o que tem para dar:

> Pedro e João subiam ao templo para a oração da hora nona. Era levado um homem, coxo de nascença, o qual punham diariamente à porta do templo chamada Formosa, para pedir esmola aos que entravam. Vendo ele a Pedro e João, que iam entrar no templo, implorava que lhe dessem uma esmola. Pedro, fitando-o, juntamente com João, disse: Olha para nós. Ele os olhava atentamente, esperando receber alguma coisa. Pedro, porém, lhe disse: Não possuo nem prata nem ouro, mas o que tenho, isso te dou: em nome de Jesus Cristo, o Nazareno, anda! E, tomando-o pela mão direita, o levantou; imediatamente, os seus pés e tornozelos se firmaram; de um salto se pôs em pé, passou a andar e entrou com eles no templo, saltando e louvando a Deus. (At 3:1-10)

Pedro não oferta o que lhe foi solicitado. Antes, entra para dentro de si, ausculta o próprio coração conectado com Deus e oferta o que tem de melhor: a confiança na intervenção misericordiosa de Jesus, a crença na capacidade de cura do ser humano, a convicção de ser um instrumento do bem e a consciência de ver muito além daquilo que lhe foi solicitado. Pedem esmola a Pedro e ele oferta a cura.

O amor ao próximo nasce do autoamor. Agimos para com o outro da mesma maneira que agimos com nós mesmos. Projetamos o mesmo padrão comportamental e, assim como aprendemos a nos conhecer na relação, ofertamos ao outro o conhecimento de si ou a experiência afetiva de que somos portadores.

Dessa forma, todo o trabalho de cura e autocura resume-se no desenvolvimento do autoamor e do amor ao próximo. Quando os desenvolvemos, encontramos o significado profundo de nossas vidas, o tempero sagrado que Jesus representou na figura do sal, que também conserva o que de bom podemos desenvolver na vida:

> Vós sois o sal da terra, e se o sal for insípido, com que se há de salgar? Para nada mais presta senão para se lançar fora, e ser pisado pelos homens. (Mt 5:13)

Jesus legou o exemplo, evocando na alma daqueles com os quais convivia o sentimento de dignidade e valor pessoal, que os possibilitava acessar os recursos infinitos da vontade para empreender os esforços de desenvolvimento e conquista das virtudes, potências da alma.

O desenvolvimento paulatino da capacidade de exercer o autoamor e o holoamor é o objetivo maior da prática médica espírita e o sinal da cura da alma, por excelência. ∎

O amor ao próximo nasce do autoamor. Agimos para com o outro da mesma maneira que agimos com nós mesmos. Todo o trabalho de cura e autocura resume-se no desenvolvimento do autoamor e do amor ao próximo.

Terapêutica médico-espírita

> "Se Deus não houvesse querido que os sofrimentos corporais se dissipassem ou abrandassem em certos casos, não houvera posto ao nosso alcance meios de cura. A esse respeito, a sua solicitude, em conformidade com o instinto de conservação, indica que é dever nosso procurar esses meios e aplicá-los.
>
> A par da medicação ordinária, elaborada pela ciência, o magnetismo nos dá a conhecer o poder da ação fluídica e o espiritismo nos revela outra força poderosa na mediunidade curadora e a influência da prece.
> — Allan Kardec
> [*O Evangelho segundo o espiritismo*, cap. 28, item 77.]

A terapêutica médico-espírita é vasta e variada, conforme a necessidade de cada caso. Muitos são os recursos ou instrumentos de auxílio ao processo de autocura que o paciente empreenderá, se o desejar, na conquista da liberdade de ser, estar e agir conforme sua natureza divina.

Os que diferem da prática médica convencional e são complementares a ela (e não necessariamente alternativos!) são: a oração; a fluidoterapia, que consiste no passe magnético, humano-espiritual, e no uso da água fluidificada; a atividade desobsessiva; e, o mais importante, a evangelhoterapia, ou renovação moral.

Esta última, muito conhecida como reforma íntima, representa a orientação e o incentivo à autotransformação do indivíduo, com o entendimento da natureza de seu sofrimento e da gênese comportamental da doença, o que equivale a um processo de autodescoberta, avaliação e elaboração do sistema de crenças do paciente e sua visão de espiritualidade, num trabalho multiprofissional, se necessário, visando à abordagem holística do ser.

Representa ainda o estímulo à compreensão da mensagem que a doença vem trazer, convidando o ser à autossuperação, dentro de seus limites, porém expandindo-os, na conscientização de que se é filho de Deus, no amor criado e pelo amor nutrido, na busca do desenvolvimento da capacidade de amar.

Diz o Espírito Joseph Gleber:

> Quando falamos aos meus irmãos a respeito de tratamento espiritual ou de cura, entendemos com isto a recuperação moral do indivíduo, seu reequilíbrio espiritual. O grande objetivo dos Espíritos superiores é a elevação moral do ser humano.[149]

O grande objetivo do tratamento espiritual é fornecer alívio para o corpo enquanto a alma se educa, para curar-se definitivamente.

---

149. Robson Pinheiro e Espírito Joseph Gleber, *Medicina da alma*, cap. 3, p. 33.

Rubem Alves,[150] em excelente ilustração, compara o ser humano ao milho de pipoca, duro e sem possibilidade de ingestão, mas que ao passar pelo calor da gordura aquecida pelo fogo, estoura, abrindo-se em flor branca, macia e nutritiva. É necessário evangelizar-se a alma, enquanto os recursos terapêuticos espíritas aliviam os sintomas, mas sem tirar do indivíduo a condição de prova necessária ou de desafio renovador, o fogo da existência, que tem o objetivo de expandir-lhe a consciência e o amor por si mesmo e pelo próximo, reidentificando-lhe com o criador.

Recursos terapêuticos:

Oração

A prece ou oração é a busca consciente da conexão com Deus, com as forças supremas da vida. Pode ter por objeto múltiplos interesses.

Esclarecem-nos os Espíritos codificadores em *O livro dos Espíritos*:

> 659. Qual o caráter geral da prece?
>
> — A prece é um ato de adoração. Fazer preces a Deus é pensar nEle, aproximar-se dEle, pôr-se em comunicação com Ele. Pela prece podemos fazer três coisas: louvar, pedir e agradecer.
>
> 660. A prece torna o homem melhor?
>
> — Sim, porque aquele que faz preces com fervor e confiança se torna mais forte contra as tentações do mal, e Deus lhe envia bons Espíritos para o assistir. É um socorro jamais recusado, quando o pedimos com sinceridade."

Pela oração sincera, a que sai do coração, conecta-se imediatamente com as forças superiores da vida, em regime de permuta

---

150. Rubem Alves, *O amor que acende a lua*, p. 59.

fluídica que revitaliza o ser para suas lutas, para vencer-se a si mesmo, para o esforço imprescindível de autossuperação, renúncia e sacrifício em prol daquilo que se almeja.

Aprende-se com o espiritismo que Deus é pai e não mordomo, atendendo a Seus filhos conforme convém à Sua infinita sabedoria e amor, e não necessariamente como desejam os Seus filhos, crianças espirituais que, na maioria dos casos, desejam exatamente aquilo que não lhes convém, ou quando não convém ou de maneira que não convém.

A oração que é ensinada pelo espiritismo é a partilha de alma, o exercício de fé e entrega à guiança da sabedoria divina, na consciência de que Deus, sendo amor infinito, só pode querer para Seus filhos o que de melhor exista para suas vidas, dentro de seu contexto evolutivo e necessidades espirituais, não cabendo, pois, medo ou insegurança nessa relação.

Para essa conexão de coração, "A forma nada vale, o pensamento é tudo."[151]

> E, quando orares, não sejas como os hipócritas pois se comprazem em orar em pé nas sinagogas e às esquinas das ruas, para serem vistos pelos homens. Em verdade vos digo que já receberam o seu galardão.
>
> Mas tu, quando orares, entra no teu aposento e, fechando a tua porta, ora a teu Pai, que está em secreto, e teu Pai, que vê secretamente, te recompensará.
>
> E, orando, não useis de vãs repetições como os gentios, que pensam que por muito falarem, serão ouvidos. Não vos assemelheis, pois, a eles, porque vosso Pai sabe o que vos é necessário, antes de lho pedirdes. (Mt 6:5–8)
>
> E tudo o que pedires na oração, crendo, o recebereis. (Mt 21:22)

---

[151]. Allan Kardec, *O livro dos Espíritos*, questão 658.

A oração sincera é realizada pela expressão espontânea e íntima, na conexão com o Pai que está no interior do ser humano. Diz o Espírito Alex Zarthú: "religiosidade é procurar Deus em toda parte, espiritualidade é encontrá-lo no endereço certo, o próprio coração".[152]

Certamente podem ser utilizadas fórmulas e rezas decoradas. Encontramos algumas delas na história cristã ou na finalização de *O Evangelho segundo o espiritismo*, como forma de auxílio à concentração e à falta de hábito em realizá-las. O importante é destacar que elas serão ativas, em certa medida, pela repetição, funcionando como um mantra, mas serão efetivas somente à medida que o coração sentir as palavras que pronuncia, em consonância com os valores íntimos, renovados.

A oração sempre produz efeitos consideráveis e mesmo quando pareça não produzir efeitos, está agindo em favor daquele que ora.

> Por mais ineficaz que a prece possa parecer-nos à primeira vista, o certo é que contém germens em si mesma bastante benéficos para bem predisporem o Espírito quando não o afetem imediatamente. Erro seria, pois, desanimarmos por não colher dela imediato resultado.[153]

Quando o ser não é receptivo à atuação dos fluidos superiores que a prece emite, quando outrem ore por ele, os fluidos não são absorvidos, mas permanecem gravitando em torno do indivíduo, determinados pela força e constância da fonte emissora, à espera do momento aprazado para precipitarem sobre a aura do indivíduo e serem por ele absorvidos, gerando os efeitos salutares a que se destinam.

A prece é sempre respondida pela espiritualidade superior, a serviço do amor. Como emissão do pensamento, ela mesma atrai para o ser espiritual os fluidos e Espíritos afins com seus conteúdos, que lhe socorrem em nome de Deus. No entanto, a presença divina

---

[152] Psicografia de Robson Pinheiro.
[153] Allan Kardec, *O céu e o inferno*, 2.ª parte, cap. VI, item 10.

sempre responde a Seus filhos, incondicionalmente, embora Suas respostas não sejam sempre aquelas determinadas pela nossa vontade, mas sim pela Sua sabedoria.

A resposta vem pelas circunstâncias aparentemente fortuitas do caminho e requisita de cada um atenção aos detalhes para apreendê-la.

Foi publicado, certa feita, em um jornal espírita, um texto que representa bem a resposta de Deus a nossas indagações e solicitações:

> Pedi força e vigor e Deus me mandou
> Dificuldades para me fazer forte.
> Pedi sabedoria e Deus me deu
> Problemas para resolver.
>
> Pedi prosperidade e Deus me deu
> Energia e cérebro para trabalhar.
> Pedi coragem e Deus me mandou
> Situações perigosas para superar.
>
> Pedi amor e Deus me mandou
> Pessoas com problemas para eu ajudar.
> Pedi favores e Deus me deu oportunidades.
>
> Não recebi nada do que queria.
> Recebi tudo que precisava.
> Minhas preces foram atendidas.[154]

---

[154] Autor desconhecido, jornal *Evangelho e Ação*, Fraternidade Irmão Glacus, Belo Horizonte, MG.

Passe magnético, humano-espiritual

O passe pode ser definido como o ato de transmitir, através da imposição de mãos e outros movimentos, energias fisiopsíquicas que possibilitem, pela ação receptiva, uma movimentação energética de retorno ao equilíbrio físico e/ou espiritual.

Para Emmanuel, trata-se de: "Transfusão de energias psíquicas".[155]

O passe é magnético, pois se trata da movimentação do magnetismo[156] do passista encarnado, e é humano-espiritual, pois é fruto da parceria com o mundo espiritual, que utiliza o encarnado como médium, transmitindo por meio dele as energias salutares de reequilíbrio ou dele retirando-as para transmitir diretamente ao enfermo. Não ocorre o transe psicofônico,[157] não há perda de consciência nem movimentos extravagantes, desnecessários. Trata-se de prática simples de manipulação energética com o objetivo de rearmonização e fortalecimento físico e moral.

Segundo Allan Kardec, em *A gênese*, os fluidos ambientes e o magnetismo do indivíduo movimentam-se de acordo com a vontade, que o potencializa e direciona.

Na *Revista Espírita*, Kardec diz:

> O pensamento e a vontade são para os Espíritos o que a mão é para

---

[155.] Francisco Cândido Xavier e Espírito Emmanuel, *O consolador*, questão 98.
[156.] Magnetismo, na acepção empregada neste texto, é a irradiação fluídica do corpo físico em associação com os corpos espirituais.
[157.] Psicofonia é a faculdade que permite aos Espíritos, utilizando os órgãos vocais do encarnado, transmitirem a palavra audível a uma pessoa ou comunidade (Martins Peralva, *Estudando a mediunidade*). Vulgarmente chamada de incorporação, visto que esse termo não define bem o processo. O Espírito comunicante não entra no corpo do médium, mas lhe transmite o pensamento de mente para mente, que o médium traduz e expressa no corpo físico.

o homem. Pelo pensamento, eles imprimem a esses fluidos tal ou tal direção; aglomeram-nos, combinam-nos ou os dispersam; com eles formam conjuntos tendo uma aparência, uma forma, uma cor determinada (...)[158]

O passe espírita sempre é realizado em locais apropriados, como cabines de passe nas casas espíritas, onde se encontram as condições fluídicas necessárias para esse empreendimento. Excepcionalmente podem ser realizados em casa de um enfermo, mas sob condições rigorosas de ambientação fluídica superior, criada pela prece, pelas leituras edificantes, por uma corrente de médiuns passistas que suplante as adversidades naturais do ambiente e auxiliada por uma música calma e serena.

O passe espírita sempre é precedido ou acompanhado por oração sincera, em que se roga ao alto, aos Espíritos do Senhor, a intervenção misericordiosa em favor do reequilíbrio do doente.

Afirmam Allan Kardec e André Luiz, respectivamente:

> A prece é uma magnetização espiritual que provoca a desagregação maior do fluido perispiritual.[159]

> Preparam-se os médiuns, com o auxílio da prece que é prodigioso banho de forças, tal a vigorosa corrente mental que atrai. Por ela, expulsam do seu mundo interior os sombrios remanescentes da atividade comum do trabalho diário e sorvem do plano espiritual as substâncias renovadoras de que se repletam, a fim de conseguirem operar com eficiência, a favor do próximo. Assim, ajudam e acabam firmemente ajudados.[160]

---

158. Allan Kardec, *Revista Espírita*, junho de 1868, p. 115.
159. Idem, *O céu e o inferno*, 2.ª parte, cap. 1, item 15.
160. Francisco Cândido Xavier e Espírito André Luiz, *Nos domínios da mediunidade*.

André Luiz descreve o fenômeno do passe, dando-nos pormenores do processo, com fins educacionais:

> Das mãos dos médiuns irradiavam-se luminosas chispas, transmitindo energias de vigor e refazimento. Sendo que na maioria dos casos, não precisam tocar o corpo dos pacientes. Os recursos magnéticos, aplicados a reduzida distância, penetram assim mesmo o "halo vital" ou a aura dos doentes, provocando modificações subitâneas.
>
> Os passistas parecem duas pilhas humanas liberando raios de espécie múltipla, através das mãos, depois de lhes percorrerem a cabeça, ao contacto dos mentores.
>
> A energia transmitida pelos mentores circula primeiramente na cabeça dos médiuns. Porque não se pode subestimar a importância da mente. O pensamento influi de maneira decisiva, na doação de princípios curadores.
>
> Sem a ideia iluminada pela fé e pela boa-vontade, o médium não consegue ligação com os mentores que atuam sobre essas bases.[161]

Vê-se assim a necessidade da preparação do médium passista, bem como a necessária receptividade por parte do receptor, para que os benefícios administrados no passe alcancem seu melhor efeito e, sobretudo, sejam mantidos no dia a dia.

O passe tem atuação em todos os níveis, do físico ao energético mais sutil, e pode disparar processos de cura duradoura, caso haja condições íntimas propícias para tal, quais sejam a efetiva renovação moral, o estado íntimo de prece ou conexão com o criador e a intenção positiva.

> Reconhecendo-se a capacidade do fluído magnético para que as criaturas se influenciem reciprocamente, com muito mais amplitude e eficiência atuará ele sobre as entidades celulares do Estado Orgânico

---

[161]. Francisco Cândido Xavier e Espírito André Luiz, *Nos domínios da mediunidade*, pp. 164–165.

– particularmente as sanguíneas e as histiocitárias –, determinando-lhes o nível satisfatório, a migração ou a extrema mobilidade, a fabricação de anticorpos ou, ainda, a improvisação de outros recursos combativos e imunológicos, na defesa contra as invasões bacterianas e na redução ou extinção dos processos patogênicos, por intermédio de ordens automáticas da consciência profunda.[162]

Vê-se que o passe é poderoso medicamento de ação profunda nos níveis orgânicos. Complementa o médico espiritual:

> Pelo passe magnético, no entanto, notadamente naquele que se baseie no divino manancial da prece, a vontade fortalecida no bem pode soerguer a vontade enfraquecida de outrem para que essa vontade novamente ajustada à confiança magnetize naturalmente os milhões de agentes microscópicos a seu serviço, a fim de que o Estado Orgânico, nessa ou naquela contingência, se recomponha para o equilíbrio indispensável.[163]

A condição íntima de receptividade é essencial na absorção e aproveitamento dos recursos do passe, o que reforça o entendimento de que a cura é patrimônio do espírito imortal. Sobre essa condição, André Luiz relata em *Nos domínios da mediunidade*:

> (...) alguns enfermos não alcançavam a mais leve melhoria. As irradiações magnéticas não lhes penetravam o veículo orgânico. Falta-lhes o estado de confiança. É indispensável a fé para que registrem o socorro. É o fio para a transmissão da energia. No terreno das vantagens espirituais, é imprescindível que o candidato apresente certa "tensão favorável", que decorre da fé da atitude de segurança íntima, com reverência e submissão, diante das Leis Divinas. Sem

---

162. Francisco Cândido Xavier, Waldo Vieira e Espírito André Luiz, *Evolução em dois mundos*, cap. 35, p 111.
163. Idem, ibidem, loc. cit.

recolhimento e respeito na receptividade, não conseguem fixar os recursos imponderáveis que funcionam em nosso favor.[164]

Na mesma obra, André Luiz relata um caso de uma senhora socorrida por meio do passe:

> [O fígado] demonstrava a dilatação característica das pessoas que sofrem de insuficiência cardíaca. As células hepáticas pareceram-me vasta colmeia, trabalhando sob enorme perturbação. A vesícula congestionada impeliu-me a imediata inspeção do intestino. A bile comprimida atingira os vasos e assaltava o sangue. O colédoco interdito facilitava o diagnóstico. Ligeiro exame da conjuntiva ocular confirmava-me a impressão.
> A icterícia mostrava-se insofismável.
> Após ouvir-me, Conrado reafirmou:
> — Sim, é uma icterícia complicada. Nasceu de terrível acesso de cólera, em que nossa amiga se envolveu no reduto doméstico. Rendendo-se, desavorada, à irritação, adquiriu renitente hepatite, da qual a icterícia é a consequência.
> — E como será socorrida?
> Conrado, impondo a destra sobre a fronte da médium, comunicou-lhe radiosa corrente de forças e inspirou-a a movimentar as mãos sobre a doente, desde a cabeça até o fígado enfermo.
> Notamos que o córtex encefálico se revestiu de substância luminosa que, descendo em fios tenuíssimos, alcançou o campo visceral.
> A senhora exibiu inequívoca expressão de alívio, na expressão fisionômica, retirando-se visivelmente satisfeita, depois de prometer que voltaria ao tratamento.
> Hilário fixou os olhos interrogadores no Assistente que nos acompanhava, solícito, e indagou:
> — Nossa irmã estará curada?

---

[164]. Francisco Cândido Xavier e Espírito André Luiz, *Nos domínios da mediunidade*, cap. 17, p. 84.

— Isso é impossível – acentuou Áulus, paternal; temos aí órgãos e vasos comprometidos. O tempo não pode ser desprezado na solução.

— E em que bases se articula semelhante processo de curar?

— O passe é uma transfusão de energias, alterando o campo celular. Vocês sabem que na própria ciência humana de hoje o átomo não é mais o tijolo indivisível da matéria... que, antes dele, encontram-se as linhas de força, aglutinando os princípios subatômicos, e que, antes desses princípios, surge a vida mental determinante... Tudo é espírito no santuário da Natureza. Renovemos o pensamento e tudo se modificará conosco. Na assistência magnética, os recursos espirituais se entrosam entre a emissão e a recepção, ajudando a criatura necessitada para que ela ajude a si mesma. A mente reanimada reergue as vidas microscópicas que a servem, no templo do corpo, edificando valiosas reconstruções. O passe, como reconhecemos, é importante contribuição para quem saiba recebê-lo, com o respeito e a confiança que o valorizam.

— E pode, acaso, ser dispensado a distância?

— Sim, desde que haja sintonia entre aquele que o administra e aquele que o recebe. Nesse caso, diversos companheiros espirituais se ajustam no trabalho do auxílio, favorecendo a realização, e a prece silenciosa será o melhor veículo da força curadora.[165]

Em outro relato, o médico espiritual nos dá a conhecer o socorro efetivado em prol de uma senhora portadora de cardiopatia, durante o serviço do passe, demonstrando-nos a profundidade de seu alcance e eficácia:

(...) notei que a destra, emitia jatos de luz que se dirigiam ao coração da enferma, observando-se que os raios de luminosa vitalidade eram impulsionados pela força inteligente e consciente do emissor. Assediada pelos princípios magnéticos, a reduzida porção de matéria negra deslocou-se vagarosamente e, como se atraída pela vigorosa

---

[165]. idem, ibidem, cap. 17, pp. 85–86.

vontade de Anacleto, veio aos tecidos da superfície, espraiando-se sob a mão irradiante, ao longo da epiderme. Após, o magnetizador espiritual iniciou o serviço mais ativo do passe, alijando a maligna influência. Fez o contato duplo sobre o epigástrio, erguendo ambas as mãos e descendo-as, logo após, morosamente, através dos quadris até os joelhos, repetindo o contato na região mencionada e prosseguindo nas mesmas operações por diversas vezes. Em poucos instantes, o organismo da enferma voltou à normalidade.[166]

O passe magnético humano-espiritual é, pois, recurso de altíssimo poder de penetração e ação no organismo espiritual e físico humano, estando na dependência do campo interno do indivíduo (suas emoções, ações, decisões morais) o alcance e a profundidade de sua atuação e a duração dos efeitos por ele promovidos.[167]

Água fluidificada

A água é dos corpos mais simples e receptivos da Terra. É como que a base pura em que a medicação do Céu pode ser impressa, através de recursos substanciais de assistência ao corpo e à alma, embora em processo invisível aos olhos mortais.[168]

A água magnetizada ou fluidificada é a água potável submetida à técnica de imposição de mãos pelos médiuns-passistas, como no modelo utilizado na AMEMG, ou diretamente envolvida nos fluidos que os Espíritos trazem do ambiente, da natureza ou retirados dos indivíduos com carga de fluidos excedentes, aptos na saúde física e

---

166. Francisco Cândido Xavier e Espírito André Luiz, *Missionários da luz*, cap. 19, p. 178.
167. Ver estudos detalhados sobre o passe: Jacob Melo, *O passe*, e Marlene Nobre, O passe *como cura magnética*.
168. Michaelus, *Magnetismo espiritual*.

espiritual a doar em favor do próximo, nos ambientes onde reine a psicosfera elevada da prece e da meditação nas questões espirituais superiores.

> Quantas vezes um copo de água magnetizada ou fluidificada não serviu de impulso para desencadear uma reação de reequilíbrio na intimidade da comunidade orgânica.[169]

Já Bezerra de Menezes afirma:

> A água, em face da sua constituição molecular, é elemento que absorve e conduz a bioenergia que lhe é ministrada. Quando magnetizada e ingerida, produz efeitos orgânicos compatíveis com o fluido de que se faz portadora.[170]

Emmanuel complementa:

> A água pode ser fluidificada de modo geral, em benefício de todos; todavia, pode sê-lo em caráter particular para determinado enfermo, e, neste caso, é conveniente que o uso seja pessoal e exclusivo. Considerando o problema dos méritos individuais, os recursos dos guias espirituais nessa esfera de ação podem independer da presença de médiuns curadores, bem como de reuniões especiais.[171]

Sendo recurso simples e de fácil acesso, bastando a frequência a uma atividade de cura ou mesmo a oração sincera na reunião do evangelho no lar, rogando a Deus que ali deposite os recursos medicamentosos necessários, a água fluidificada é fonte gratuita de harmonia e paz. Ela secunda ou dispara movimentos regenerativos

---

169. Robson Pinheiro e Espírito Joseph Gleber, *Medicina da alma*.
170. Divaldo Franco e Espírito Manoel Philomeno de Miranda, *Loucura e obsessão*.
171. Francisco Cândido Xavier e Espírito Emmanuel, *O consolador*.

na intimidade orgânica, assim como impulsos de reeducação espiritual, atuando em favor da cura da alma. Devem ser separados frascos individuais para magnetização, preferencialmente, para que o tratamento seja individualizado, embora possa ser utilizado um jarro comum com água distribuída a todos ao final, como acontece nas reuniões espíritas.

Joseph Gleber informa o alcance da ação da água magnetizada:

> Quando a água é ingerida sob a ação do magnetismo curador, os fluidos vitais são acrescidos da vibração magnética específica, desobstruindo os canais por onde circulam o prana ou fluido divino, acelerando o fluxo dos fluidos vitalizantes que irrigam o organismo físico e o duplo etérico.[172]

Esses benefícios do auxílio espiritual permitem que os sintomas físicos e mentais sejam aliviados, porém a cura se processará na modificação dos padrões mentais e emocionais, pela reeducação do ser. Finaliza o médico espiritual:

> Mas esses recursos só são eficazes à medida em que aquele que recebe a energia magnética se dedique ao crescimento interior, pela reeducação dos impulsos da alma, mudança de vida e elevação moral, únicos meios que conhecemos para reter eficazmente os recursos que são ministrados pelo alto.[173]

Terapia desobsessiva

Trata-se do socorro espiritual aos Espíritos vinculados aos enfermos. Aqueles são tão amados quanto esses, necessitados e merecedores do auxílio do mundo físico e espiritual em favor de seu

---

172. Robson Pinheiro e Espírito Joseph Gleber, *Medicina da alma*, p. 262.
173. Idem, ibidem, loc. cit.

reequilíbrio. São atendidos como nos atendimentos fraternos das casas espíritas, em que os sofredores de toda sorte são ouvidos, acolhidos e orientados em suas necessidades com os pontos fundamentais, suficientes para se iniciar uma jornada de autotransformação que promova a cura.

Muitos são rebeldes ou estão temporariamente guiados por sua dor e revolta, e não se deixam beneficiar pela terapêutica, mas muitos se aproveitam da ocasião para modificarem o rumo da existência, entregando a Deus e à vida a justiça e a condução dos acontecimentos conforme determine a Sua sabedoria.

Emmanuel, com o objetivo de estudo e maior compreensão do processo de amparo espiritual a encarnados e desencarnados, apresenta uma consolidação das reuniões desobsessivas de uma casa espírita de Pedro Leopoldo:

Boletim de Serviço Espiritual

Grupo Meimei – 1.º Ano – 31/7/52 a 30/7/53.

O Grupo realizou, durante o ano, 53 sessões práticas, com a seguinte quota de serviço:
▷ 288 manifestações psicofônicas de Espíritos perturbados e sofredores, incluindo 251 entidades e 37 reincidências.

Os 251 companheiros menos felizes que compareceram às reuniões estão assim subdivididos:
▷ 77 irmãos ligados ao pretérito próximo e remoto de componentes da instituição.
▷ 126 necessitados de assistência moral.
▷ 48 recém-desencarnados.

Os comunicantes foram catalogados na ordem seguinte:
▷ 7 casos de licantropia.
▷ 92 casos de alienação mental.

▷ 48 casos de choques por desencarnação.
▷ 104 casos de perturbações diversas.

De conformidade com elucidações dos Mentores Espirituais do Grupo, o aproveitamento das 251 entidades, que receberam assistência no transcurso de 1952 e 1953, foi o seguinte:
▷ 11 irmãos foram perfeitamente reajustados e renovados para o bem.
▷ 90 companheiros retiraram-se esclarecidos e melhorados.
▷ 52 entidades apresentaram aproveitamento reduzido.
▷ 98 comunicantes foram considerados, por enquanto, impassíveis e impenitentes.[174]

Note-se que o Espírito fora da matéria guarda sua condição de senhor de si mesmo e não está sujeito a nenhuma transformação miraculosa, senão a que promova por si mesmo na motivação que encontre no próprio ser ou nos recursos dispensados pela misericórdia de Deus.

A tarefa desobsessiva é condição necessária para a melhoria do enfermo, pois que o processo de conluio de mentes e corações sintonizados em determinada faixa de perturbação inibe a germinação das sementes de virtudes, que possibilitariam o processo de cura em ambos os parceiros dessa simbiose mediúnica doentia.

No entanto, como o processo é de sintonia, não basta afastar o Espírito parceiro no mundo espiritual para se libertar o encarnado enfermo. É necessário alterar a frequência vibratória pela mudança de padrões de pensamento, sentimento e ação, para que não sejam atraídos novos residentes para a casa mental descuidada.

Foi Jesus quem afirmou:

Quando o espírito imundo tem saído do homem, anda por lugares secos, buscando repouso; e, não o achando, diz: Tornarei para minha

---
[174]. Francisco Cândido Xavier e Espíritos diversos, *Instruções psicofônicas*, mensagem do Espírito Emmanuel, pp. 152–154.

casa, de onde saí. E, chegando, acha-a varrida e adornada. Então, vai e leva consigo outros sete Espíritos piores do que ele; e, entrando, habitam ali; e o último estado desse homem é pior do que o primeiro. (Lc 11:24–26)

E *O livro dos Espíritos* complementa:

468. Os Espíritos cuja influência é repelida pela vontade renunciam às suas tentativas?

— Que queres tu que eles façam? Quando não há nada a fazer, eles cedem o lugar; entretanto aguardam o momento favorável, como o gato à espreita do rato."

O mais profícuo processo desobsessivo se dá no dia a dia, por meio da prece sincera e sentida e do trabalho no bem, a benefício do semelhante que a promove.

Não há coração tão perverso que, mesmo a seu mau grado, não se mostre sensível ao bom proceder. Mediante o bom procedimento, tira-se, pelo menos, todo o pretexto às represálias, podendo-se até fazer de um inimigo um amigo, antes e depois de sua morte.[175]

A atividade desobsessiva é da mais alta importância e na AMEMG tem funcionado como significativo canal de tratamento, tanto de pacientes quanto dos médiuns que servem na mediunidade com Jesus, regenerando-se, além de servirem de canal de muitas comunicações mediúnicas relevantes a respeito da visão espiritual das enfermidades dos indivíduos tratados, o que tem possibilitado enriquecimento no estudo e efetividade na abordagem médico-espírita.

Cada agrupamento espírita deve possuir o seu núcleo de amparo cristão aos companheiros desencarnados, em dificuldades na sombra,

---

[175]. Allan Kardec, *O Evangelho segundo o espiritismo*, cap. XII, item 5.

com reduzido número de irmãos responsáveis, que lhes possam lenir o sofrimento e sanar os desequilíbrios morais, usando os valores da prece e da palavra fraternal.

Revelando o roteiro do bem, nele acertamos os próprios passos; consolando, somos por nossa vez consolados; ajudando, recebemos auxílio, e, acendendo a luz da oração para os que padecem, transviados na ignorância e na dor, temos nosso caminho iluminado para a obra de redenção que nos cabe realizar em nós mesmos.[176]

A obsessão tem fim quando o indivíduo, em seu processo de desenvolvimento pessoal, passa a ser senhor de si mesmo, no autodomínio, e não sofre mais a atuação daqueles que lhe desejam mal, por ausência de sintonia:
O livro dos Espíritos:

122 b. Esta influência [dos Espíritos inferiores] não se exerce sobre o Espíritos senão em sua origem?
— Ela o segue na sua vida de Espírito, até que tenha tanto império sobre si mesmo, que os maus desistem de obsidiá-lo.

Evangelhoterapia

Na questão 625 de *O livro dos Espíritos*, Allan Kardec questiona: "Qual o tipo mais perfeito que Deus ofereceu ao homem para lhe servir de guia e modelo?" Os Espíritos respondem: "Jesus."

A atividade da evangelhoterapia não representa catequese ou conversão do indivíduo, mas exposição das temáticas do evangelho, em múltiplas abordagens, consoante as interpretações espíritas, com o objetivo de estimular a renovação de valores, pensamentos e ações.

---

[176]. Francisco Cândido Xavier e Espíritos diversos, *Instruções psicofônicas*, mensagem do Espírito Francisco de Menezes Dias da Cruz, p. 154.

Trata-se de fornecer recursos de reflexão e raciocínio, bem como sentimento, ao indivíduo, a fim de que este fixe em si os benefícios da fluidoterapia e demais práticas da terapêutica espírita.

A cura real é patrimônio do Espírito e o evangelho é a farmácia bendita que lhe oferta os medicamentos seguros capazes de tratar a alma enferma no egoísmo milenar e no orgulho, promovendo as virtudes, herança divina em nós.

Nesse sentido, sugere André Luiz:

Para garantir saúde e equilíbrio, prometa a você mesmo:

I – Colocar-se sob os desígnios de Deus, cada dia, através da oração e sustentar a consciência tranquila, preservando-se contra ideias de culpa.

II – Dar o melhor de si mesmo no que esteja fazendo.

III – Manter coração e mente, atitude e palavra, atos e modos na inspiração constante do bem.

IV – Servir, desinteressadamente, aos semelhantes, quanto esteja ao alcance de suas forças.

V – Regozijar-se com a felicidade do próximo.

VI – Esquecer conversações e opiniões de caráter negativo que haja lido ou escutado.

VII – Acrescentar pelo menos um pouco mais de alegria e esperança em toda pessoa com quem estiver em contato.

VIII – Admirar as qualidades nobres daqueles com quem conviva, estimulando-os a desenvolvê-las.

IX – Olvidar motivos de queixa, sejam quais sejam.

X – Viver trabalhando e estudando, agindo e construindo, de tal modo, no próprio burilamento e na própria corrigenda, que não se veja capaz de encontrar as falhas prováveis e os erros possíveis dos outros.[177]

---

177. Francisco Cândido Xavier e Espírito André Luiz, *Passos da vida*, cap. 17.

Reunião do evangelho no lar

Trata-se da evangelhoterapia em família.

Uma reunião periódica, definida pelos membros que participem, ou por toda a família, na frequência que achem adequada às suas necessidades. Habitualmente se faz uma vez por semana.

Inicia-se com uma oração sincera, proferida por qualquer membro.

Abre-se o *Evangelho* ou outro livro de escolha dos participantes (pois pode haver adeptos de diferentes religiões) e estuda-se, em conjunto, a leitura da noite. Discute-se adaptando o tema aos problemas e necessidades domésticas, de forma que as lições do *Evangelho* sejam a referência de análise das posturas e condutas de cada membro, por si mesmo.

Encerra-se com outra oração, agradecendo a Deus pelas bênçãos recebidas.

Durante todo o culto, pode-se colocar jarras de água individuais ou coletivas para magnetização pelos Espíritos, que sempre acorrem em atendimento aos que desejam renovar-se em espírito e verdade.

A reunião no lar é ferramenta útil e eficaz na busca da cura física e espiritual, fortalecendo e dinamizando os recursos medicamentosos e psicoterápicos empreendidos na busca do autoconhecimento e no reequilíbrio do corpo.

Atividade a ser indicada pelos médicos-espíritas e demais terapeutas a todos os pacientes em seu processo de tratamento, independente da condição física, e que encontra enorme respaldo no amparo do mundo espiritual a toda criatura interessada em suas melhora física e moral: "Aquilo que ligares na Terra será ligado céu." (Mt 16:19).

Os recursos terapêuticos espíritas aliviam os sintomas, mas sem tirar do indivíduo a condição de prova necessária ou de desafio renovador, o fogo da existência, que tem o objetivo de expandir-lhe a consciência e o amor por si mesmo e pelo próximo, reidentificando-lhe com o criador.

Relato de caso

> "Conheça todas as teorias, domine todas as técnicas, mas ao tocar uma alma humana, seja apenas outra alma humana.
> — Carl Gustav Jung

Os princípios médico-espíritas fornecem ao ser uma visão de mundo bastante ampla, baseada na existência de Deus e do espírito, na imortalidade da alma, na reencarnação, na lei de causa e efeito, dentre outras realidades comprovadas pelo espiritismo. Esses princípios propiciam um arsenal terapêutico muito grande, que pode ser utilizado nas atividades espíritas habituais.

No entanto, a visão de mundo espírita não provê instrumentação terapêutica para ser utilizada exclusivamente no meio espírita. Antes, faz enxergar o ser humano de forma ampliada e faz compreender os dramas humanos diferentemente da concepção materialista tradicional, possibilitando que o estímulo ao desenvolvimento humano, consoante os princípios imortalistas espíritas, dê-se em qualquer ambiente em que o indivíduo seja chamado a atuar no mundo, mesmo em contato com aqueles que não adotem a profissão de fé espírita como forma de expressão de sua religiosidade e espiritualidade. A missão do espírita é ser bom, no limite de suas forças, e testemunhar sua fé por meio de suas obras, para que os demais, vendo-as, se sintam convidados a conectar-se com Deus e com o melhor de si mesmos.

Narro aqui a experiência de um colega médico do SUS em uma unidade de saúde onde trabalha como parte de uma equipe do programa de saúde da família, em uma grande metrópole. Apresentaremos o caso e depois estudaremos a visão espírita e os princípios terapêuticos utilizados.

•

Tratava-se de dona Aparecida (nome fictício), uma senhora com 63 anos, no início do acompanhamento.

Foi atendida pelo médico da unidade de saúde próxima à sua casa em um final de tarde em que a sua médica habitual estava sobrecarregada, por solicitação de funcionários do posto, que a apresentaram como um caso delicado, por ser uma pessoa que mantinha relação conflituosa com o centro de saúde e à qual não podia ser negada consulta.

Mostrava-se muito agitada e ansiosa naquela tarde em consequência da visita de um fiscal da prefeitura em sua residência, ameaçando-a por não pagar o IPTU, atrasado muitos meses. Ele batera violentamente no portão, obrigando-a a abrir, visto que ela não abria a porta de sua casa para ninguém. Quando o fez, ele a ameaçou, assustando-a. Sua queixa era a taquicardia decorrente desse episódio, que acabara de ocorrer. Durante a consulta, estimulada pelo médico, relatou parte de seus conflitos sociais e familiares, demonstrando confusão emocional e não conseguindo manter pensamento linear, realizando muitas digressões sem concluir o pensamento original. O conflito básico era a relação com o ex-esposo, de quem se separou há 30 anos e por quem, dizia ela, era perseguida continuamente.

A partir de então foi voluntariamente acompanhada pelo médico e a equipe da qual fazia parte, dada a boa relação médico-paciente que se estabelecera durante aquela consulta. No prontuário da paciente, pouca informação médica, apenas uma consulta sem diagnóstico, apesar de ser paciente conhecida da unidade há longos anos e já ter sido acompanhada pelo serviço social que tentara várias intervenções ao longo do tempo (junto a serviços da prefeitura e atividades sociais), sem sucesso. Ela não aceitava as intervenções médicas que eram propostas, não utilizava as medicações indicadas e era bastante arredia.

Após a primeira consulta, o médico ficou sensibilizado com a situação física e mental da paciente e, sobretudo, sua desconfiança sem limites. A equipe decidiu, então, realizar uma festa de aniversário surpresa no posto para a paciente, com o objetivo de sensibilizá-la e ganhar a sua confiança, no que foram bem-sucedidos, surpreendendo-a realmente, já que ela nem se lembrava que era seu aniversário... Logo após, foi realizada uma visita domiciliar para avaliar a situação de vida da paciente, o que muito a agradou, embora ela não permitisse que as pessoas entrassem em sua casa após os conflitos com as intervenções do serviço social.

Ela morava sozinha, em uma casa que em tudo se assemelhava a uma casa abandonada, destruída em parte e com mofo por todo o lado, sem energia elétrica ou água, com árvores e entulhos por todo o quintal e grandes árvores com galhas ameaçando cair sobre a casa. O Centro de Controle de Zoonoses já havia visitado o local, mas a paciente não permitiu mudanças significativas e ainda relatava muita mágoa com o fato de que, com justificativa de limpeza, retiraram do seu quintal peças importantes para ela na ocasião. Cozinhava em um fogão à lenha improvisado na porta de casa. Dentro de casa amontoava em sacolas e sacos empilhados seus pertences antigos, da época em que tinha uma boa condição de vida, todos cheirando a mofo em razão da chuva que molhava a casa inteira. Tinha de tudo, de televisão velha a máquina de lavar, de material de artesanato a retalhos sem utilidade. Muito lixo e sujeira. Para a equipe, a casa era inabitável, mas a paciente não aceitava ser retirada de lá, dizendo que sua grande briga era com a prefeitura pelos problemas com o IPTU e com o "marido" que, segundo ela, a perseguia de todas as formas...

Toda a casa, interna e externamente era cheia de armadilhas ou defesas para possíveis invasores, chegando a ter arame farpado em alguns pontos do caminho do portão ao interior da casa, exigindo cuidado para não machucar quem entrasse desavisadamente.

A paciente era artesã de grande talento que expunha seus trabalhos em importante feira municipal. Mostrou alguns de seus trabalhos durante a visita. Relatou que sua vida mudou significativamente após a separação litigiosa do marido, há 28 anos, por quem nutria grande raiva. Tiveram dois filhos que não moravam mais com a mãe. Não se sabia o paradeiro do ex-marido. Uma filha morava em outra cidade e era formada em letras. Não a via há dois anos. O filho morava com familiares e aparecia de vez em quando, sem profissão fixa. Tinha vários irmãos, mas os visitava pouco e não recebia visitas em casa. Não permitia à família, que morava na mesma cidade, saber de sua real condição de vida, de extrema penúria, e não era procurada por eles.

Após sua festa de aniversário, procurou espontaneamente a irmã, que morava próximo, pois não a via há muito tempo. Passou três dias com ela. Coincidentemente, recebeu a visita do filho no dia do aniversário dela.

Sua fala era repleta de delírios de perseguição e vitimismo. Sentia-se ameaçada pelos vizinhos que a perseguiam, pelo posto de saúde, especificamente pela assistente social de quem tomou birra gratuita, e pela prefeitura. Extremamente bem informada para alguém de sua condição, culta, conseguia conversar sobre qualquer tema tranquilamente, porém quando confrontada em sua vida pessoal tornava-se confusa, com ideação paranoide e delírios variados, embora sutis. Dizia que os filhos e o marido tiveram diagnóstico de esquizofrenia e que foi um sacrifício lidar com isso, o que mais tarde não se confirmou... Chegou a tomar medicação para suportar o fardo... Não aceitava que tinha um problema de saúde mental, até se indispondo quando abordada nesse tópico. Afastou-se do contato médico quando foram prescritos antipsicóticos, entregues em mãos, sendo informada sobre a necessidade de uso da medicação, em virtude de ser portadora de esquizofrenia paranoide, segundo avaliação médica.

Embora demonstrasse desconfiança da equipe, solicitou um relatório médico afirmando qual era sua condição clínica e seu estado mental e disse que era para interpelar judicialmente o marido, que não via há 28 anos... Mostrava-se bastante presa a essa relação conflituosa e afirmava que ainda havia processos judiciais rolando, o que não era verdade. Do ponto de vista físico era desnutrida, porém gozava de excelente saúde para quem vivia nas condições insalubres a que ela se impôs, fazendo higiene íntima com creolina, comendo comida quase estragada, dentre outras práticas não recomendadas.

Orgulhosa, aceitou algumas vezes água que o médico da equipe levou, ajuda alimentar e um rádio a pilhas, mas não aceitava qualquer intervenção para modificar sua casa ou seu estado de vida. Rejeitou todas as oportunidades que foram oferecidas, como a criação de um escolinha de artes para que ensinasse o que sabia e conseguisse renda, pois não possuía renda alguma, vivendo da caridade alheia. Recusou ainda as intervenções do serviço social que novamente foi acionado para abordar o caso. Contudo, aceitou participar de um grupo terapêutico de arteterapia, convidada como professora, o que fez por pouco tempo. Ela se negou a aceitar a ajuda totalmente de um momento para outro, quando, em franco delírio, imaginou que todos estivessem em um complô com o marido, a prefeitura e a vizinhança para derrotá-la...

Quando confrontada sobre o que desejava para si, chegou a

afirmar que as mudanças de vida que lhe eram oferecidas eram o que achavam o melhor para ela e não necessariamente o que ela desejava, embora ela tivesse participado de todo o processo de idealização de tudo o que lhe foi ofertado, como a escolinha de artes ou a intervenção do Centro de Controle de Zoonoses em sua casa... Quando confrontada, desviava o discurso para delírios persecutórios e de vitimização, dando a impressão de que havia um gozo em permanecer no estado de vida em que se encontrava.

Evangélica, parou de frequentar os cultos, isolando-se em casa a cada dia mais, mas apresentava uma fala religiosa frequente. Descobriu que o médico da equipe era espírita, mas não se indispôs ao contato, muito pelo contrário, chegou a falar claramente em tolerância religiosa e inclusão e conversou muitas vezes sobre o assunto, abordado sempre que era demanda da paciente. Até mesmo confessou que inúmeros médicos que passaram por sua vida eram coincidentemente médicos espíritas. Porém, cogitou de que ele estaria sendo instrumento do demônio para atormentá-la, e não instrumento de Deus para ajudá-la, como ela estava considerando até o momento em que foram prescritos medicamentos. Nisso se passaram alguns meses de tentativa de intervenção.

Aos poucos foi fazendo mudanças em sua casa. Limpou um pouco o quintal abrindo algum espaço, voltou a cozinhar dentro de casa com o gás que ganhou da equipe. Modificou a disposição interna dos entulhos dentro de casa: mais espaço em outros cômodos e mais acúmulo em seu quarto. Retirou o arame farpado do caminho e colocou uma barreira baixa com chapa na porta do quarto, para defender-se. Por conta disso, era preciso pular a chapa para entrar no quarto. Mostrou-se acessível à abordagem médica e passou a aceitar visitas com alegria. Ficou após isso sem comparecer ao posto de saúde por três meses, embora tenha aceitado participar por algum tempo de um grupo de arteterapia.

O médico passou então a atendê-la em casa, evitando o contato com o centro de saúde em função dos sintomas de delírio persecutório. Ele a manteve em observação, por meio de visitas domiciliares frequentes, aguardando o momento de intervir. Não foi mais tocado no assunto de modificar seu ambiente doméstico, em virtude da representação simbólica da casa para a paciente. As visitas domiciliares regulares tinham por objetivo reconquistar a confiança da paciente, tornando-se bem aceitos por ela, que, todavia, não mais participava de nenhuma abordagem de grupo na unidade.

Após algum tempo, a paciente procurou o médico no centro de saúde para avaliação regular, relatando uma hipertensão que nunca teve e outros mais problemas ilusórios. Após ser acolhida em longa escuta com breves intervenções, solicitou, embora evangélica, que conseguisse para ela uma internação em determinado hospital psiquiátrico espírita para sonoterapia, que já havia experimentado anos antes, segundo ela, o que foi acolhido prontamente. Aproveitando a oportunidade, após duas semanas, foi conseguida vaga em outro hospital psiquiátrico, por meio de um médico amigo, e a paciente aceitou ir para lá sem resistência. No caminho para o hospital, levada pelo médico no carro dele, ela contou alguns detalhes de sua vida familiar que nunca havia confiado relatar, inclusive endereço de familiares. Foi internada tranquilamente, aceitando a medicação oferecida, ainda que antes não tomasse medicação alguma por medo. Ficou internada por cerca de um mês e meio, sendo visitada uma vez por semana pelo médico, quando, juntamente com o psiquiatra, eram analisadas a internação e as medidas a serem tomadas a partir dali.

Foi feito contato com a irmã a partir do endereço que a paciente forneceu e ela foi envolvida no cuidado com a paciente. Falando para a paciente sobre a preocupação de todos com sua saúde, seu estado de vida, ficou combinado que ela não retornaria para a casa dela após a internação, ficando na casa da irmã o tempo suficiente para que fosse conseguida vaga em uma unidade de cuidado, asilo. A paciente oscilava, mantendo pensamentos delirantes apesar da medicação em uso, ora aceitando ora relutando, mas havia estabelecido uma excelente relação de transferência e era demovida facilmente por meio de atenção às suas falas e conteúdo. Na alta hospitalar, o médico retirou a paciente, sendo ele o responsável pela internação, e a levou para a casa da irmã, acompanhando-a enquanto lá esteve. Ela ficou com a irmã cerca de duas semanas. Não foi encorajada a permanência definitiva em função dos conflitos graves entre as duas. Neste período, retirou nova carteira de identidade, retornando ao uso do nome de solteira, o que foi muito significativo.

Foi contatada uma assistente social do serviço de atenção ao idoso da secretaria, que conseguiu vaga em um asilo para a paciente. Ela foi levada para lá com alguma relutância, sempre alternando confiança e delírio persecutório, na condição de que seria um teste e de que sua vontade seria respeitada, caso não desejasse permanecer. Foi acolhida com carinho pela direção da unidade, formada por irmãs de caridade, que a fizeram se sentir muito bem.

Após levá-la para o asilo, contatou-se o filho para que acompanhasse o caso e, por meio da irmã, encontrou-se a filha que a paciente não via há dois anos, tendo se afastado em virtude da doença da mãe, e fez-se a reaproximação de ambas, o que se mostrou muito bom para todos. A paciente ficou muito feliz com isso. Desde então, os filhos fizeram visitas regulares à mãe na unidade e foram chamados à responsabilidade para com a mãe pelo médico e pela assistente social que acompanhava o caso.

Nas visitas do médico ao asilo, no início, a paciente reclamava muito e falava sempre em voltar para casa. Aos poucos foi sendo conquistada. Recebendo bons cuidados de médico, fisioterapeuta e outros no asilo, engordou e parou de reclamar. Manteve um porta-retratos com a foto da filha e do genro na cabeceira da cama. Voltou a fazer trabalhos manuais que sempre foram seu ganha-pão. Participava ativamente das atividades sociais e de recreação da unidade. Era solícita e querida por todos.

Paulatinamente espaçaram-se as visitas, notando-se que a paciente ficava muito feliz quando o médico comparecia para visita e avaliação clínica. Manejou-se a relação transferencial, importante nesse caso, aumentado o tempo entre as visitas e notou-se que a paciente se resumia a manifestar sua alegria com a visita, até mesmo pedindo sempre que encerrasse a visita orando com ela. Ela deixou de reclamar e de solicitar voltar para casa, especialmente depois que foi levada pelo médico a visitar sua casa e ver que estava tudo intacto, sem que o lugar fosse tomado por aqueles que ela julgava persegui-la. A casa ficara fechada e embora tenham entrado e roubado algumas coisas, não fez muita diferença, dado o estado precário em que vivia.

Nas visitas conjuntas com os filhos, era discutida a questão da reforma e cuidado com a casa, sempre ressaltando o respeito com as decisões da paciente, para que ela pudesse voltar a morar por lá no futuro, o que era seu grande desejo. Os filhos envolveram-se e comprometeram-se com esse cuidado, o que estava sendo feito, embora com muitos empecilhos, consequência da dificuldade de relacionamento entre eles e de questões pessoais de ambos. O filho, sem emprego fixo e sem moradia, também já havia tido diagnóstico de esquizofrenia no passado e oscilava entre a concordância e a rebeldia sobre o plano terapêutico traçado em conjunto. Discutiu-se muito com ele para que não fizesse alterações na casa que não fossem permitidas pela paciente, dada a significação da moradia para ela, visando a evitar um surto psicótico intenso.

Aos poucos a filha envolveu-se a passou a cuidar da documentação e da casa, especialmente depois que esta foi invadida por marginais do bairro que roubaram tudo e utilizaram-na como local para uso de drogas e sexo. A polícia foi acionada e, em razão da situação, o serviço social pediu o auxílio do Centro de Controle de Zoonoses para intervenção no local, visto que os filhos não tinham condições financeiras para fazê-lo. A casa antiga foi demolida e o quintal limpo.

O nome da paciente foi levado para reunião de desobsessão algumas vezes ao longo desse processo, sem conhecimento dela. Por vezes, foram feitas orações com a paciente, ao final da consulta, como forma de estímulo à sua vivência religiosa e à sua espiritualidade, no início por iniciativa do médico, depois por solicitação da paciente. Praticamente em todos os contatos eram discutidas ou feitas referências a passagens evangélicas, no diálogo terapêutico, o que era muito do agrado dela.

A paciente ficou a cada dia mais envolvida com o asilo, mantendo o uso regular de medicação, antipsicótico em baixa dose, e o controle no ambulatório psiquiátrico com assiduidade e aderência à terapêutica proposta. Não perguntou mais pela casa após a visita que fez, embora já tivesse constatado que algumas coisas tinham sido roubadas, sendo informada do cuidado que os filhos estavam tendo com os interesses dela, informação que a satisfazia. Ela passou a confiar muito no profissional.

Nisto se passaram dois anos, e a paciente nunca mais falou de perseguição, retornou a suas práticas religiosas habituais, então sem crença específica definida, ainda que estivesse em asilo católico, orando sempre a Jesus e produzindo muitas peças de artesanato. Criou muitos laços afetivos com visitantes que a levavam frequentemente a *shoppings*, cinemas e atividades sociais de sua idade. Passou a utilizar a internet e desdobrou sua rede social com o uso de *e-mails*, sempre com vigilância de conteúdo discreto da unidade, mas sem problemas.

A filha que morava no interior mudou-se para Belo Horizonte e construiu uma casa simples e aconchegante no terreno que era da mãe, mudando-se para lá com o marido. Convidou a mãe a passar alguns dias com ela, o que transcorreu em clima de alegria e carinho entre todos. A paciente manteve-se assintomática, do ponto de vista físico e mental, desde que se equilibrou.

Os dias de sofrimento e delírio se foram... Passou a reinar a paz, a produtividade, o convívio social, a espiritualidade e, sobretudo, a alegria e a gratidão a Deus por tudo que Ele permitiu ser feito com a paciente e com a equipe terapêutica.

Para o terapeuta, ficou a experiência de superação de uma pessoa que foi acolhida com carinho em um trabalho multiprofissional de cuidado e amorosidade e que reagiu a esse investimento resgatando em si o melhor.

A paciente, que se tornou muito querida, ensinou ao médico (e continuou a ensinar!) o poder de superação do trauma, do adoecimento mental e do reencontro com a alegria de viver. Ela permaneceu superando-se a cada dia, mantendo relações terapêuticas absolutamente afetivas e produzindo muita beleza em forma de artesanato, expressando o belo existente em sua alma, com a qual se reconectou, reencontrando Deus...

•

Vê-se, no relato desse colega, o uso de vários elementos terapêuticos guiados pela visão espírita de mundo, que possibilitaram uma relação terapêutica eficaz. São eles:

> ▷ o estabelecimento de um relacionamento de confiança, afinidade e cooperação inicial autêntico;
> ▷ a visão da paciente como alguém capaz de superar sua dor e seu drama mental e emocional;
> ▷ a dedicação ao cuidado da paciente com paciência, perseverança e respeito à sua individualidade e às suas escolhas;
> ▷ o estabelecimento gradual da relação de confiança;
> ▷ a escuta atenta e inclusiva;
> ▷ a motivação ao desenvolvimento do lado sadio da paciente pelo estímulo afetivo;
> ▷ o acolhimento integral da paciente;
> ▷ o incentivo ao desenvolvimento da espiritualidade e da relação com Deus;
> ▷ a presença constante estabelecendo relação de ajuda e cuidado;
> ▷ o envolvimento e o resgate dos laços familiares perdidos;
> ▷ a terapia desobsessiva, a distância, sem a presença da paciente;
> ▷ a oração e a evangelhoterapia frequentes;
> ▷ a amorosidade como instrumento terapêutico determinando dedicação além do dever.

Esse caso dá uma dimensão do que pode ser realizado pelo terapeuta com o entendimento do paciente como um ser divino, temporariamente adoecido e desconectado de si mesmo, capaz de autossuperação e resgate pessoal, passível de cura por meio do desenvolvimento de sua espiritualidade, numa relação amorosa de cuidado e respeito, paciência e dedicação ao bem-estar biopsicossocioespiritual do indivíduo.

O paciente é um ser divino, temporariamente adoecido e desconectado de si mesmo, capaz de autossuperação e resgate pessoal, passível de cura por meio do desenvolvimento de sua espiritualidade, numa relação amorosa de cuidado e respeito, paciência e dedicação ao bem-estar biopsicossocioespiritual do indivíduo.

Conclusão

" Toda medicina honesta é serviço de amor, atividade de socorro justo; mas o trabalho de cura é peculiar a cada Espírito. — André Luiz

[Francisco Cândido Xavier e Espírito André Luiz, *Nosso Lar*, cap. 5, p. 39.]

A cura, na visão espírita, é resultado de um movimento pessoal, de um encontro do ser com ele mesmo e com o Deus que habita nele.

Ela é fruto do despertar gradual que o Espírito realiza enquanto caminha em direção à morada do Pai, sua intimidade, retornando ao seio Daquele que é todo justiça, poder e bondade. É resultado da harmonia que é consequente ao esforço de autossuperação e desenvolvimento das potencialidades amorosas da alma, virtudes divinas existentes em germe na intimidade humana.

Jesus, o "melhor e maior modelo dado por Deus aos homens",[178] ensinou com Sua prática que sadio é aquele que ama, independente de sua crença, de sua condição física, posição social, econômica, política ou religiosa, pois o amor é a síntese da ética cósmica, a própria expressão do Criador, no qual "vivemos, existimos e nos movemos", conforme asseverou Paulo de Tarso. (At 17:28)

Batalhar pela reconquista da saúde possível, pela dignidade nas experiências de vida, pelo alívio diante do sofrimento e pela expansão da consciência é a sublime oportunidade oferecida pelo pensamento espírita.

Trabalhar pelo estabelecimento de um reino de paz nos corações humanos, semeando o amor conforme o pregou e viveu Jesus, é o dever de todos, agraciados com o conhecimento espírita, ao acolherem a mensagem do Cristo como roteiro de vida. Disse o Mestre: "Conhecereis a verdade e ela os libertará." (Jo 8:32)

Trabalhar por construir relações terapêuticas autênticas, em que ambos, profissional de saúde e paciente, estejam conscientes de sua sublime oportunidade de autoencontro, dialogando de Espírito para Espírito, em nível de igualdade, porém com funções terapêuticas distintas, onde o amor represente o mais elevado elemento curativo para ambos, é o convite da medicina espírita.

Rogamos a Jesus que ilumine a todos os que recebem a oportunidade do conhecimento médico-espírita, para que este se converta

---

[178]. Allan Kardec, *O livro dos Espíritos*, questão 625.

em ferramenta prática libertadora para nosso espírito, ofertando à sociedade os frutos abençoados de entendimento e serviço, em nome do amor.

Finalizamos essas anotações, com as palavras respeitáveis de Emmanuel e de Joanna de Ângelis, pela psicografia de Chico Xavier e de Divaldo Franco, respectivamente, com as quais honramos a memória do querido Dr. Adolfo Bezerra de Menezes Cavalcanti, patrono do movimento espírita e criador do movimento médico-espírita, que nos legou sua vida e obra como exemplo de missionário de Jesus na cura do corpo e da alma, sendo um legítimo apóstolo das realidades grandiosas, e prosseguindo como patrono na orientação espiritual das iniciativas médico-espíritas como esforços de vivência do ideal cristão:

> A medicina do futuro terá de ser eminentemente espiritual, posição difícil de ser atualmente alcançada, em razão da febre maldita do ouro; mas os apóstolos dessas realidades grandiosas não tardarão a surgir nos horizontes acadêmicos do mundo, testemunhando o novo ciclo evolutivo da Humanidade.[179]

> A cura real somente ocorrerá do interior para o exterior, do cerne para a sua forma transitória. Nesse sentido, a cura tem início quando o paciente se ama e passa a amar seu próximo. Assim, a cura é um processo profundo de integração da pessoa nos programas superiores da Vida. Toda cura procede de Deus. Como Deus é amor, eis que o amor é essencial no mecanismo da saúde. As curas verdadeiras resultam da decisão superior de encontrar-se e localizar-se, cada qual, no contexto do equilíbrio que vige no Universo.[180] ■

---

[179]. Francisco Cândido Xavier e Espírito Emmanuel, *Emmanuel*, item XXIII.
[180]. Divaldo Franco e Espírito Joanna de Ângelis, *Desperte e seja feliz*.

Jesus, o "melhor e maior modelo dado por Deus aos homens", ensinou com Sua prática que sadio é aquele que ama, independente de sua crença, de sua condição física, posição social, econômica, política ou religiosa, pois o amor é a síntese da ética cósmica, a própria expressão do Criador, no qual "vivemos, existimos e nos movemos", conforme asseverou Paulo de Tarso.

CURA, NA VISÃO ESPÍRITA, É RESULTADO DE UM MOVIMENTO PESSOAL,

DE UM
ENCONTRO
DO SER COM
ELE MESMO
E COM O
DEUS QUE
HABITA NELE.

Anexo 1
Modelo de atendimento dos grupos terapêuticos da AMEMG

> "O objetivo maior das Associações Médico-Espíritas deve ser o atendimento integral, efetivo e afetivo, dos que batem à porta, em nome de Jesus, na procura de lenitivo para suas dores.
> — Bezerra de Menezes

[Espírito Bezerra de Menezes, psicografia de Roberto Lúcio Vieira de Souza, em 16 de maio de 2010, por ocasião do encerramento do VI Encontro Norte-Nordeste das Associações Médico-Espíritas.]

A Associação Médico-Espírita de Minas Gerais (AMEMG) é uma associação de profissionais da área da saúde que existe desde o ano de 1986, quando foi fundada por um grupo de médicos em um reunião no Hospital Espírita André Luiz, em Belo Horizonte, Minas Gerais.

Com sede em Belo Horizonte, possui grupos de estudo e atendimento à população de segunda a sábado, contando com cerca de 100 trabalhadores diretos. Os grupos abordam os seguintes temas: psico-oncologia e espiritismo; psiquiatria e espiritismo (temas variados); medicina e espiritismo; dependências químicas e emotivo-afetivo-sexuais à luz do espiritismo; gestação e acolhimento à reencarnação (bem-vinda vida) e tratamento espiritual (desobsessão, passes magnéticos humanos-espirituais, evangelhoterapia e reunião de desdobramento terapêutico), além de reunião pública mensal e um grupo que alia os conhecimentos da física quântica ao espiritismo, na área da saúde. A AMEMG realiza ainda cursos, seminários e um congresso anual de saúde e espiritualidade.

Todos os grupos terapêuticos da AMEMG seguem o seguinte modelo:

Os pacientes são selecionados no dia a dia da prática clínica dos terapeutas associados ou dentre aqueles que são encaminhados por terapeutas não associados ou que procuram a casa diretamente por terem tomado conhecimento do trabalho.

Todas as atividades terapêuticas da Associação são gratuitas, conforme o são todas as práticas espíritas.

Os pacientes passam por um acolhimento com um membro do grupo de trabalho em que desejam ingressar e é feita uma anamnese detalhada do caso, abordando aspectos físicos, psíquicos, sociais e espirituais.

Após ser admitido no grupo, o paciente é acompanhado pelo período de um ano ou enquanto necessitar, como no grupo de psico-oncologia. O acompanhamento é realizado em reuniões semanais de higiene mental e, em alguns grupos, também são feitas terapias de grupo. Os familiares têm do mesmo modo um encontro semanal em que trabalham temas específicos relacionados à família e à ligação com o caso em tratamento. Os pacientes fazem uso do passe magnético, humano-espiritual, após os encontros semanais, bem como da água fluidificada, que levam também para casa para uso durante a semana, como medicação.

Todos os pacientes são acompanhados em atendimento psicológico e psiquiátrico individual, na frequência que o caso exigir. Alguns fazem tratamento homeopático, quando essa é a sua preferência ou quando há indicação por parte dos profissionais de saúde ou equipe espiritual.

São realizados, em todos os grupos, atividade mediúnica desobsessiva, ou seja, destinada ao tratamento dos Espíritos enfermos ligados aos pacientes. Estes não acompanham essa reunião, que é privativa, em local ou horário separado do atendimento do grupo, e não têm acesso às informações mediúnicas, salvo as poucas situações em que os orientadores espirituais do grupo determinam que sejam passadas ou utilizadas com finalidade terapêutica. Os terapeutas têm acesso às informações e nelas se baseiam para complemento da atividade terapêutica, conforme a necessidade do paciente.

Higiene mental

Vamos detalhar a atividade de higiene mental, que é o carro chefe do tratamento de pacientes e terapeutas.

Trata-se de reunião em grupo, onde se propõe a renovação de valores e das matrizes da alma. Uma revisão de conceitos, pensamentos e sentimentos, com a finalidade de despertar o ser para concepções mais abrangentes da vida, de sua situação, de sua história. O grande objetivo da higiene mental, fazendo uma limpeza na casa interior, é sobretudo a promoção do desenvolvimento e da vivência das virtudes apregoadas pelo Cristo, verdadeiras potências da alma no tratamento das enfermidades e na profilaxia do adoecimento físico ou mental.

Parte-se sempre do pressuposto já citado nessa obra: "Saúde é a real conexão criatura-criador e a doença o contrário momentâneo de tal fato."

Propõe-se no trabalho da higiene mental um reencontro do ser consigo mesmo, com seu deus interior, com sua unicidade e beleza fundamental. O trabalho é baseado na luz que há em cada indivíduo, capaz de fazer desaparecer a sombra que não tem existência real.

O diagrama temático adiante é seguido de forma integrada e sequenciada, sendo abordados os temas de maneira teórica e vivencial, conforme o terapeuta e a necessidade o exijam.

Deus está no centro, como a síntese da busca de autoencontro e conexão com o sagrado, o belo e o bom. Na periferia estão as virtudes que são o campo de vivência e expressão da conexão com a essência. No meio se encontram os temas doutrinários que promovem a ponte da essência com a vivência, instrumentalizando o ser com a ciência e a filosofia que o auxilie a religar-se à fonte do eterno bem, no desenvolvimento da espiritualidade e da religiosidade pessoal. O trabalho do terapeuta é exercer a arte de auxiliar o indivíduo a ir no caminho que lhe é próprio, que já está sinalizado em sua intimidade, como diz Bernie Siegel:

> O psiquiatra Milton Erickson conta um episódio de sua infância em que encontrou um cavalo. Erickson montou o animal e caminhou com ele por oito quilômetros ao longo de uma estrada, indo parar numa fazenda. O atônito fazendeiro indagou: "Como conseguiu trazer meu cavalo de volta?" e Erickson respondeu: "Eu não sabia o caminho, mas o cavalo sabia. Tudo o que fiz foi mantê-lo no caminho."[181]

Dessa forma, pretende-se resgatar no indivíduo sua ligação com o amor, representação maior de Deus, na intimidade do coração. O estímulo é ao desenvolvimento da espiritualidade e da religiosidade íntima, que se expressem em atos renovados, em maior consciência de si e do outro, do seu papel no universo e de suas possibilidades de realização interior.

Não há a preocupação de formar espíritas, mas sim Espíritos libertos, conscientes e responsáveis no uso de sua liberdade, com a noção clara da imortalidade da alma, da lei de justiça, amor e misericórdia, e da presença de Deus em sua vida e trajetória.

---

[181]. Apud Richard Carlson e Benjamin Shield, *Curar, curar-se*, p. 21.

Conforme nos orientou um Espírito amigo, pela psicografia:

> O pensamento espírita não aprisiona, não limita, não cerceia a liberdade de ninguém. É estrutura de auto-orientação que promove a expansão consciencial do filho de Deus que anseia assumir a sua busca pela felicidade no uso responsável da liberdade de um espírito imortal.[182]

A doutrina espírita afirma que há em todo indivíduo uma sabedoria inata, herança divina, expressa em sua consciência e muitas vezes oculta, silenciosa, desvalorizada pelo indivíduo. O trabalho espírita, esclarecendo a respeito da vida espiritual e moral do Espírito, das consequências de seus atos e escolhas, da sua natureza divina, resgata o contato e a expressão dessa parte sábia, que se conecta com a sabedoria infinita que é Deus, deixando fluir pelos canais da intuição a orientação precisa para a condução salutar na vida, no aproveitamento e cumprimento do planejamento reencarnatório e no desenvolvimento das aptidões anímicas que espelham o Criador.

A atividade no formato de grupo terapêutico é salutar pois promove a partilha, a identificação com a dificuldade e as características do outro, a relativização de seu problema diante da constatação da problemática alheia e a ampliação de visão, renovada, sobre si mesmo e a vida.

Esclarece o médico espiritual Dias da Cruz a respeito da técnica do depoimento e da permuta de emoções e sentimentos:

> A confissão do paciente vale por expulsão de resíduos tóxicos da vida mental e o conselho do especialista idôneo age por doação de novas formas-pensamentos, no amparo ao cérebro enfermiço.[183]

---

182. Um Espírito amigo, psicografia de Andrei Moreira, em reunião na AMEMG.
183. Francisco Cândido Xavier e Espíritos diversos, *Instruções psicofônicas*, mensagem de Francisco de Menezes Dias da Cruz, p. 143.

O processo de grupo permite a escuta terapêutica, que tem amplo efeito curativo, conforme Carl Rogers:

> Constato, tanto em entrevistas terapêuticas como nas experiências intensivas de grupo que me foram muito significativas, que ouvir traz consequências. Quando efetivamente ouço uma pessoa e os significados que lhe são importantes naquele momento, ouvindo não suas palavras, mas ela mesma, e quando lhe demonstro que ouvi seus significados pessoais e íntimos, muitas coisas acontecem. Há, em primeiro lugar, um olhar agradecido. Ela se sente aliviada. Quer falar mais sobre seu mundo. Sente-se impelida em direção a um novo sentido de liberdade. Torna-se mais aberta ao processo de mudança.
>
> Tenho notado frequentemente que quanto mais presto uma profunda atenção aos significados de uma pessoa, mais acontece o que relatei. Quando percebem que foram profundamente ouvidas, as pessoas quase sempre ficam com os olhos marejados. Acho que na verdade trata-se de chorar de alegria. É como se estivessem dizendo: "Graças a Deus, alguém me ouviu. Há alguém que sabe o que significa estar na minha própria pele." Nestes momentos, tenho tido a fantasia de estar diante de um prisioneiro em um calabouço, que dia após dia transmite uma mensagem em código Morse: "Ninguém está me ouvindo? Tem alguém aí?" E um dia, finalmente, escuta algumas batidas leves que soletram: "Sim". Com esta simples resposta, ele se liberta da solidão. Torna-se novamente um ser humano. Há muitas, muitas pessoas vivendo em calabouços privados hoje em dia, pessoas que não deixam transparecer essa condição e que têm de ser ouvidas com muita atenção para que sejam captados os fracos sinais emitidos do calabouço.[184] ∎

---

184. Carl Rogers, *Um jeito de ser.*

Anexo 2
Grupo Atitude um trabalho de higiene mental no SUS

" Há um tempo em que é preciso abandonar as roupas usadas que já têm a forma do nosso corpo... e esquecer os nossos caminhos que nos levam sempre aos mesmos lugares... É o tempo da travessia... e, se não ousarmos fazê-la, teremos ficado para sempre à margem de nós mesmos.
— Fernando Teixeira de Andrade

Apresenta-se aqui um exemplo de atividade que tem por fim ofertar aos enfermos uma abordagem integral para as dores do corpo e da alma, muito semelhante à atividade denominada higiene mental, realizada na Associação Médico-Espírita de Minas Gerais.

Trata-se de um grupo terapêutico, realizado por profissional médico, em uma unidade básica de saúde do SUS, dentro das atividades do Programa de Saúde da Família.

Segundo a Organização Mundial de Saúde, a saúde é definida como "um estado dinâmico de completo bem-estar físico, psíquico e social, e não meramente a ausência de doença."

Partindo dessa concepção, foi criado o Grupo Atitude em novembro de 2005, com a proposta de ser um espaço de escuta, inclusão e partilha de vivências para aqueles pacientes crônicos, repetitivamente presentes no acolhimento da equipe, sem resposta significativa à abordagem medicamentosa exclusiva, para serem acompanhados dentro de uma proposta educacional de promoção de saúde.

Conforme informam Raeburn e Rootman:

> A promoção da saúde é um investimento que envolve o desenvolvimento, ao longo do tempo, nos indivíduos e nas comunidades, de estados básicos e positivos e de condições para a saúde física, mental, social e espiritual. O controle e os recursos para o investimento têm que estar principalmente nas mãos dos próprios indivíduos, tendo o apoio e suporte de profissionais, decisores políticos e de todo o sistema político.[185]

Concluindo:

> A promoção de saúde é por isso um processo que procura fortalecer as competências e capacidades individuais, assim como a capacidade

---

185. John Raeburn e Irving Rootman, *People-centred health promotion*, p. 11 apud *European Master in Health Promotion* [brochura traduzida].

das comunidades agirem coletivamente no sentido de influenciarem os fatores que afetam a sua saúde.[186]

Somente participam desse grupo pacientes convidados, selecionados no dia a dia do consultório, tendo como características comuns estarem vivendo processos depressivos, ansiosos, angústias, transtornos somatoformes, lutos, recuperação de processos traumáticos, dentre outras condições. Os pacientes devem desejar trabalhar seu processo de saúde e adoecimento numa perspectiva de modificação e transformação pessoal. Isso se percebe pela reação e abertura do paciente em resposta à abordagem de aspectos emocionais e espirituais (referentes a sentido e significado) na consulta.

Os encontros realizam-se uma vez por semana, durante uma hora e meia, por seis a oito meses. O grupo é fechado e não são aceitos novos integrantes após as três primeiras reuniões. É feita uma lista de espera e, periodicamente, abre-se um novo grupo com os pacientes selecionados. Inicialmente são aceitos até quinze pacientes, mas ao final tem-se por volta de sete pessoas, regulares e com bom aproveitamento.

A temática é definida em módulos: autoamor, responsabilidade pessoal, perdão, família e relacionamentos afetivos, relação com Deus e um tema livre, conforme a demanda do grupo. Cada módulo dura em torno de um mês, dependendo da necessidade, mais tempo. No início da atividade é realizada uma oração por alguém do grupo, quando isso não incomoda ninguém, conforme acordado no primeiro encontro, respeitando-se sempre as opiniões e crenças individuais. Em cada encontro, um integrante diferente profere a oração de sua preferência.

O desenvolvimento dos temas é feito por meio de discussão livre em que todos falam e compartilham opiniões, tendo um facilitador que é o médico da equipe. São utilizados textos, poesias,

---

186. *European Master in Health Promotion* [brochura traduzida].

músicas, filmes, vivências lúdicas e afetivas, visualizações criativas e trabalhos em grupo.

Afirma o psicólogo Carls Rogers:

> O indivíduo traz dentro de si a capacidade e a tendência latente, se não evidente, para caminhar rumo à maturidade. Em um clima psicológico adequado, essa tendência é liberada, tornando-se real ao invés de potencial.[187]

Os objetivos desse trabalho são:

- fornecer espaço para expressão emocional e afetiva;
- possibilitar partilha de vivências e conflitos;
- ampliar a consciência sobre as possibilidades de vida e realização em favor de si mesmo e do outro;
- estabelecer laços afetivos com o grupo e estabelecer suporte social;
- possibilitar escuta atenta e inclusiva;
- auxiliar no centramento individual;
- aliviar os sintomas e construir a saúde numa perspectiva holística;
- curar o corpo a partir da cura da alma.

Diz o psicanalista, teólogo e educador Rubem Alves, citando Grodeck:

> A doença não é uma invasora que, vinda de fora, penetra o corpo à força. A verdade é o contrário. Ela é uma filha do corpo, uma mensagem gerada em suas funduras, e que aflora à superfície da carne, da mesma forma como bolhas produzidas nas funduras das lagoas afloram e estouram na superfície das águas. A doença tem uma função

---

[187]. Carl Rogers, *Tornar-se pessoa*.

iniciática: por meio dela se pode chegar a um maior conhecimento de nós mesmos.[188]

Esse grupo se propõe auxiliar o ser no encontro consigo mesmo, pela observação e identificação com as vivências dos colegas, pela ampliação de consciência, *insights*, possíveis no decorrer do processo, bem como por meio da descoberta de mecanismos e instrumentos de promoção de saúde.

O foco é na pessoa, não na doença. A perspectiva é otimista e plena de esperança na capacidade do ser humano de se descobrir e se reconstruir a cada instante, modificando-se, e ao meio em que se encontra, para melhor, conforme seus valores e metas pessoais.

O trabalho é de parceria e corresponsabilização. Os pacientes são convidados a realizarem atividades reflexivas e práticas em casa, durante a semana, e praticarem o que é estudado, como experimentação e aquisição de saber (que vem da experiência, tendo a mesma raiz etimológica de sabor...), a realizarem atividades de apresentação para o grupo de tema livre (no período de encerramento) e a prepararem o acolhimento dos novos integrantes, ao se iniciar um outro grupo.

Todos os pacientes continuam o acompanhamento clínico e fazem uso de medicação alopático ou homeopática, conforme sua escolha e necessidade, pelo tempo necessário.

O resultado deste grupo terapêutico, para aqueles que dão conta desse processo e aderem ao tratamento, é crescimento pessoal, desaparecimento parcial ou total dos sintomas físicos e sensação subjetiva de bem-estar geral e reconquista de si mesmo, além de novas amizades, união e desenvolvimento de fraternidade, muito presente entre os integrantes, que acabam ficando íntimos em certa medida. Os pacientes reportam satisfação pessoal e progresso na relação com eles mesmos e com seus familiares, com ampliação das

---

[188]. Rubem Alves, *Sobre o tempo e a eternaidade*, p. 82.

perspectivas de trabalho e atuação na vida, da alegria e da saúde biopsicossocioespiritual, conforme preconiza a OMS.

É ainda Carl Rogers a ensinar que:

> Se eu posso criar uma relação caracterizada de minha parte: por uma autenticidade e transparência, em que eu sou meus sentimentos reais; por uma aceitação afetuosa e apreço pela outra pessoa como um indivíduo separado; por uma capacidade sensível de ver seu mundo e a ele como ele os vê. Então o outro indivíduo na relação: experienciará e compreenderá aspectos de si mesmo que havia anteriormente reprimido; dar-se-á conta que está se tornando mais integrado, mais apto a funcionar efetivamente; tornar-se-á mais semelhante às pessoas que gostaria de ser; será mais autodiretivo e autoconfiante; realizar-se-á mais enquanto pessoa, sendo mais único e autoexpressivo; será mais compreensivo, mais aceitador com relação aos outros; estará mais apto a enfrentar os problemas da vida adequadamente e de forma mais tranquila.[189]

Exemplo de caso atendido no grupo

Berenice (nome fictício) era uma paciente de 29 anos, com uma história de vida bastante sofrida.

Pobre, natural do interior de Minas Gerais, havia se casado jovem, sem amar o companheiro, para sair de casa e ser "menos uma boca para comer", conforme ela definiu.

Teve três filhos, sendo um de outro pai durante crise e temporário término no casamento, o que o marido aceitou e acolheu, ao retomarem o casamento. O marido era evangélico, fanático, segundo definição dela, e não a permitia fazer nada. O casamento foi frustrado, muito conflituoso, e ela, após sentir-se muito oprimida

---

[189]. Carl Rogers, *Tornar-se pessoa*.

na relação, acabou saindo de casa, embora não se acreditasse capaz de cuidar de si mesma e dos filhos sozinha.

Após algum tempo, conheceu outro homem que afirmou a ela ter problemas de fertilidade e assim não poder ser pai. Em sua inocência, acabou aceitando relacionar-se sexualmente sem prevenção e acabou engravidando, sendo logo após abandonada pelo namorado, que ao saber da gravidez afirmou que mentira, podia sim ser pai, como aconteceu.

Evangélica na época, fazia parte de uma igreja e era membro atuante.

Ela chegou na unidade de saúde nesta fase, vivenciando profundo desgosto, tristeza profunda, medo generalizado, sintomas compatíveis com síndrome do pânico e depressão, pensando em abortar o feto em razão da crítica feroz dos componentes de sua igreja, que não aceitavam a gravidez fora do "casamento".

Essa paciente foi acolhida pela médica da equipe, que a encaminhou para o psicólogo e também para o Grupo Atitude, feito por dois médicos da unidade, nessa época. Ela aceitou participar do grupo, como uma boia salva-vidas, por conta da atuação da médica, que a acolheu amorosamente. Diante da iminência da paciente provocar o aborto, a médica pediu que aguardasse o fim do atendimento, colocou-a em seu carro e levou-a a uma clínica de ultrassonografia. Ao ouvir o batimento do coraçãozinho da criança, ela desistiu do aborto...

Berenice iniciou a frequência ao grupo e participou por seis meses da atividade. Sem usar medicação (pois não aceitou), modificou seu quadro clínico pela renovação dos valores, do entendimento da situação, do desenvolvimento da autoestima e do valor próprio, e da crença e constatação de seu poder pessoal.

Largou o emprego que a insatisfazia, arrumou outro mais adequado às suas necessidades, passou a confiar em si mesma, fez vestibular e ingressou no curso que desejava. Mudou de casa, melhorando muito o nível de vida, e de namorado e passou a acreditar ser capaz de atingir as metas que deseja.

Desenvolveu paulatina e continuamente a espiritualidade, no contato com Deus. Tornou-se espírita, porque desejou conhecer essa filosofia e religião a partir do contato com adeptos dela, e encontrou respostas para sua vida. Adotou o hábito da oração, buscando ser útil segundo suas possibilidades, tendo fé em si mesma, em Deus e na vida, encontrando sentido no sofrimento por que passou e nas provas pelas quais ainda teria por passar.

Não teve mais sintomas de pânico, que regrediram paulatinamente e não apresentou quadro depressivo. Sua filha, linda, tornou-se sua fonte de afeto e felicidade.

A história desta mulher guerreira e vencedora, que encontrou sua força e fez contato com sua beleza a partir dos estímulos simples de um grupo terapêutico, atesta a afirmativa do psicólogo Carl Rogers, citada acima e também a assertiva espírita que propõe a cura do corpo como consequência da cura da alma.

> Vós sois a luz do mundo. Assim resplandeça a vossa luz diante dos homens, para que vejam as vossas boas obras e glorifiquem o vosso Pai, que está nos céus. (Mt 5:16)

O ponto de vista da paciente

Foi solicitado à paciente que narrasse a história do seu ponto de vista, sem que ela tenha tido acesso ao texto acima. Segue abaixo a sua narrativa:

> O dia amanheceu, me levantei para trabalhar na casa de uma senhora muito gentil, generosa comigo. No decorrer do caminho me sentia mal, muito mal.
>
> Estava completamente desiludida, vivendo de modo arrastado. Não compreendia porque o verde das plantas por onde passava não tinha mais cores, não via cor no mundo, minha vida não tinha

sentido. Quando resolvei entender de fato, o que acontecia comigo, não encontrei resposta alguma.

Era evangélica fiel, cumpria todas as obrigações para com a igreja, era líder do grupo de mulheres, procurava conversar com as pessoas sofridas e fazia-o com prazer. Mas por que Deus não estava olhando para mim? Tudo o que eu tinha vontade de fazer eu não podia, porque era pecado e Deus iria me punir de forma cruel e grosseira. Meu casamento já havia acabado, mas eu tinha de viver ao lado do meu marido, que não amava, pois, se me divorciasse, não poderia nunca mais ter ninguém o resto da minha vida, teria de ficar sozinha, segundo a crença da minha igreja na época. Mas já não aguentava mais meus filhos passando necessidade, moradia precária e, na maioria das vezes, sem comida na mesa...

Estava em profunda desilusão para com a vida. Não poderia contar a ninguém a situação que vivia porque era líder do grupo de mulheres e teria de me manter firme para passar segurança aos outros. Além disso, o pastor não admitia que eu precisava de apoio e eu ouvia sempre as mesmas palavras: "A mulher sábia edifica sua casa, a tola a destrói. Se com seu marido está ruim, sem ele será pior, pois quem irá respeitar uma mulher divorciada na sociedade? Mãe solteira? nunca!" No meio evangélico, costumávamos até evitar falar no assunto da separação conjugal, pois os cargos da igreja são destinados às mulheres casadas. Eu pedia forças a Deus cada vez que ouvia essas palavras do pastor que fazia suas pregações mandando-me indiretas frequentes.

Certo dia, me sentindo doente física e piorando a cada dia meu estado espiritual, vendo meus filhos pequenos de cinco e onze anos sem nenhuma condição de sobrevivência no estilo de vida que levávamos, criei coragem, chamei meu marido e, repentinamente, na pequena cozinha, lhe disse: "Quero o divórcio." Ele sorriu criticamente e disse: "Você está à procura de outra vida? de homens? Uma mulher feia, não sei quem vai querer. Vai passar fome com as crianças." Disse-me isso e saiu sorrindo... Mas eu já estava decidida.

Já no outro dia procurei a Justiça e dentro de pouco tempo consegui o divórcio. Na mesma semana que decidi, arrumei um barraco de três cômodos, peguei somente um beliche que eu mesma havia comprado, pois antes um dos filhos dormia em uma bicama que mais parecia um lixo e o outro na cama comigo e meu marido, todos no mesmo quarto improvisado, com os colchões diretamente no chão. Ganhei um fogão e arrumei um botijão emprestado e me mudei.

Dentro de duas semanas já estava trabalhando numa empresa como operadora de *telemarketing* e fazia faxinas esporádicas para auxílio na renda. Sustentava meus filhos, pagava meu aluguel, sem nenhuma outra forma de renda e sem auxílio de ninguém. Complementava a renda com a venda de colares e peças íntimas que vendia em horários vagos.

Após dois anos nesta luta, consegui comprar todos os móveis que mobiliavam minha casinha do jeito que eu queria. Conheci um rapaz já bem mais velho do que eu, através de uma faxina em sua casa. Ele ficou muito interessado por mim e eu por ele. Começamos a nos conhecer, passamos a sair juntos e ele me parecia muito legal. Como eu já estava sozinha há muito tempo, pensei que poderíamos ficar juntos e formarmos uma família. Passei a gostar muito dele, mas não queria engravidar. Pedi a ele que usasse preservativo, pois eu não usava pílulas por não me fazerem bem. Ainda não sabia nessa época nada sobre DSTs. Ele me respondeu que não poderia ser pai, que não tinha nenhuma possibilidade de me engravidar, porque havia tido filhos com o auxílio de tratamentos devido a problemas de fertilidade. Além disso, ele achava que usar preservativo era o fim da picada... Acreditei piamente no amado...

Não passou muito tempo, precisei procurar o posto de saúde, porque eu não sabia o que estava acontecendo. A desilusão piorara muito. Eu não tinha nenhuma vontade de viver mais, tudo perdeu a graça, já não tinha nenhuma motivação para nada. A motivação era antiga, mas foi piorando quando terminei meu namoro com esse homem.

Fui, então, ao posto de saúde mais próximo à minha casa para uma consulta. Além de falar dos enjoos que sentia, disse à médica que me atendeu sobre a possibilidade de encaminhamento ao psicólogo, pois não queria mais viver.

Mas aquela médica era diferente!

Me examinou direitinho, conversou comigo o tempo todo e me disse que havia possibilidade de eu estar grávida. Respondi-lhe que não, que meu ex não podia ser pai etc. Ela pacientemente disse que me encaminharia ao psicólogo, mas também precisaria solicitar exames complementares.

Voltei com os resultados em quinze dias, que atestaram a gravidez. Recebi suas orientações, mas não pude ouvi-las, estava atordoada. Saí do consultório anestesiada e liguei imediatamente para meu ex-namorado marcando um encontro. Pessoalmente, lhe perguntei se haveria possibilidade de eu ter engravidado dele. Ele respondeu que sim. Disse-lhe, então, que não queria aquele filho, a criança não iria nascer. Ele ficou chateado no momento, disse que iria me ajudar e sumiu... Tentei o aborto e pensei ter me livrado do feto. Que nada.

Retornei ao consultório, conversei com a médica e informei-a que não queria a gravidez, na esperança de ela me ajudar, dar força para realizar o intento. Ela me acolheu e, sem julgamento, me contou a história de um Espírito que havia tentado reencarnar-se e não havia conseguido devido ao aborto, e a mágoa que havia sido originada nessa história... Já no início do relato comecei a chorar e ela então me propôs que eu fizesse um ultrassom e observasse o feto, o que foi feito. Quando vi meu neném no ultrassom, e recebendo a palavra da médica que me ajudaria, eu desisti da ideia do aborto.

Graças a Deus, apesar do sangramento decorrente da tentativa de abortá-lo, o feto estava bem e perfeito. Fui convidada, então, pela mesma médica a participar do grupo de arteterapia, que mais tarde se chamaria Grupo Atitude. Eu estava muito machucada, largada com relação à aparência... quem não tem motivos para viver tem motivos para se arrumar?

O tempo foi passando, eu participava cada vez mais das reuniões. Era diferente do que eu ouvia nas igrejas, pois eu era mãe solteira, divorciada, grávida, e ainda assim os médicos que coordenavam o grupo não fizeram pouco caso de mim. Todos do grupo me acolheram com carinho. Eu era assídua nas atividades e a cada reunião os temas eram diferenciados. Eu não conseguia entender o porquê de tanto choro a cada tema trabalhado, mas eu me sentia livre, respeitada, acolhida e amparada. Todos os temas abordados me ajudaram muito, mas alguns mexeram especialmente com meu coração, como: o autoperdão (descobri que deveria me perdoar por tudo aquilo que fiz comigo e não sabia); o conto "O pequeno povo de madeira", usado para trabalhar os rótulos que recebemos e damos aos outros na vida, e a nossa autoimagem e autoestima baseada na relação com Deus; o aprendizado do limite, de dizer não; e o mais marcante: a visão de Deus. Foi utilizado o texto do livro *Curando nossa imagem de Deus* e aprendi que eu não iria para o inferno se eu arrumasse um namorado, não era pecado agir conforme guiava e pedia meu coração, desde que respeitados os direitos do meu próximo, segundo a lei do amor. Aprendi que Deus não é punidor ao ponto de judiações e torturas psicológicas, como me dizia minha igreja que afirmava que Deus poderia até matar dependendo do pecado... Nessa época, eu ouvia sempre de alguns evangélicos que Deus iria me pegar na esquina, iria me chamar para conversar sobre meus pecados e que, depois que passei a frequentar o grupo, tinha ficado pervertida...

A cada dia mais fui passando por uma reforma íntima rigorosa e bastante compensadora. Passei a aceitar a gravidez e a me aceitar. Me aceitei como um ser útil, quando foi trabalhado no grupo o autoamor. Aprendi que mereço o melhor, que não vivo sem mim e que devo me amar profundamente. Descobri que, apesar das desilusões amorosas, eu é que não poderia me abandonar e deveria me gostar o suficiente, pois minha felicidade só depende de mim e de mais ninguém... Minha maneira de pensar, agir, me arrumar e o que pensava sobre mim mudaram completamente. Passei a reconhecer que eu tinha muito valor, e que deveria valorizar mais minha beleza e deixar o desleixo para trás...

Outra coisa que me marcou muito foi o meu primeiro aniversário no grupo, quando completei trinta anos. Meu primeiro bolo! Primeira vez na vida que eu tinha amigos reunidos cantando parabéns! Na hora de fazer o pedido, não sabia que era pedido silencioso, acabei fazendo-o em voz alta... não tinha forças nem para cortar o bolo, foi preciso ajuda do médico que pareceu ter notado minha emoção.

Tive meu chá de bebê no grupo e o acompanhamento dos dois médicos que coordenavam o grupo. Na hora do bebê nascer, o desespero e o medo tomaram conta de mim por completo. Como eu iria sustentá-la (era uma menina)? Mas, nas horas difíceis, Deus sempre provia. Entrei em trabalho de parto e, mais uma vez, tive a ajuda da médica amiga que foi boníssima comigo. Terminei por dar à minha filha o seu nome, em justa homenagem. A partir daí, Deus enviou também um padrinho, que se tornaria meu patrão, homem bom que sempre ajudou a sustentar o bebê.

Continuei participando do grupo por alguns meses e descobri ainda que desde a infância havia sido muito machucada, gerando mágoas e feridas na alma. Foi aí que teve origem a minha desilusão com o mundo e o ser humano, que tiveram fim no trabalho com o grupo. Além de perdoar aqueles que me machucaram, aprendi a trabalhar meus sentimentos de forma clara e, inclusive, perdi o medo de prestar vestibular.

Consegui passar na prova, para o curso de pedagogia, que sempre foi meu interesse. Larguei então o *telemarketing* e passei a trabalhar meio período em casa de família, ganhando mais do que recebia antes, com pessoas que me respeitam e valorizam muito, podendo estudar o resto do tempo. Meu patrão fez um almoço de comemoração por eu ter passado no vestibular, o que muito contribuiu para meu crescimento. Nessa casa, vendo meu patrão e amigo sempre alegre, de bom coração e boa índole, sempre sorridente, aprendi que eu merecia ser tratada com respeito e consideração e não com desprezo, como havia sido em outras casas onde fiz faxina algumas vezes. Meu patrão é espírita e sempre conversa comigo sobre as questões que desejo, me auxiliando a entender a vida e os acontecimentos do dia a dia por outros ângulos. Nessa família, aprendi que eu também tinha meu lugar na sociedade e meu potencial.

Desde então, passei a valorizar mais as oportunidades de crescimento nos estudos, no meu íntimo, no trabalho... Reconheci que meus sofrimentos não eram para me fazer de vítima e sim me proporcionar crescimento.

A maioria das pessoas, de todas as idades, ao conversarem comigo, se sentem muito bem, aliviadas e ajudadas com minhas experiências e com a minha história de superação pessoal. Algumas que não me conhecem chegam até a perguntar se sou psicóloga...

Agradeço a Deus pelo que pude fazer pelo meu próprio esforço e pelo amor que hoje sinto por mim mesma. Agradeço a Deus pelos médicos que me acompanharam no Grupo Atitude, pois minha história de vida mudou completamente. Hoje reconheço que sou humana e posso até chorar, mas não como antes: hoje choro de alegria por estar lutando.

Vou me formar em dezembro de 2010, após três anos e meio de faculdade, e então passarei a lecionar. Moro em uma casa digna, com meus três filhos, com bem pouco auxílio dos pais. Tenho namorado, sem nenhum sentimento de culpa ou pecado. Sei que Deus é meu criador, me ama e respeita como sou.

Não passamos mais necessidades. Tenho planos de conquistar a casa própria, carteira de habilitação, ser útil à sociedade, dentre outros. Tudo isto para mim, hoje, é questão de honra, pois já desejaram ver-me mendigando, rastejando e até mesmo prostituindo-me para me manter, o que nunca aconteceu, graças a Deus. E pelo fato de ser íntegra, aprendi que a grandeza das estrelas não se busca de uma só vez, mas se conquista passo a passo. Sou vencedora ao ponto de as pessoas que me conheceram há alguns anos perguntarem se estou roubando para me manter...

Com todo o carinho do mundo, agradeço a Deus pelo grupo que fiz parte e por todos que participaram dele comigo. Agradeço por terem acreditado em mim e por terem me dado a oportunidade de ver a vida renascer dentro de mim. Agradeço por minha filha linda, que amo muito.

Deus os recompensem com sucesso, pois eu estou em busca do meu! ∎

Bibliografia

ADAMS, P. *Galileu*. São Paulo, 2005.

ALMEIDA, João Ferreira (trad.). *A bíblia sagrada*. Fecomex, 1997.

ALVES, Rubem. *O amor que acende a lua*. Campinas, SP: Papirus.
_____. *O médico*. 7. ed. Campinas, SP: Papirus, 2008.
_____. *Sobre o tempo e a eternaidade*. 13. ed. Campinas, SP: Papirus.

ANDREA, Jorge. *Forças sexuais da alma*. 8. ed. Rio de janeiro: FEB, 1998.

ASTROW, A.B.; PUCHALSKI, C.M.; SULMASY, D.P. "Religion, spirituality and health care: social, ethical and practical considerations". *Am J Med*, 2001, 110.

ASSOCIAÇÃO MÉDICO-ESPÍRITA DO ESPÍRITO SANTO; AUTORES DIVERSOS. *Deus e a ciência*. Vitória: Enfoque, 2002.

ASSOCIAÇÃO MÉDICO-ESPÍRITA DE MINAS GERAIS; AUTORES DIVERSOS. *Porque adoecemos*, vol. 1. Belo Horizonte: Fonte Viva.
_____. *Porque adoecemos*, vol. 2. Belo Horizonte: Fonte Viva.

BACCELLI, Carlos; INÁCIO FERREIRA [Espírito]. *Amai-vos e instruí-vos*. Uberaba: Didier.

BACH, Edward. *Os remédios florais do Dr. Bach*. São Paulo: Pensamento.

BALLINT, Michael. *O médico, seu paciente e a doença*. 2. ed. São Paulo: Atheneu, 2005.

BARBOSA, Genário Alves (org.) et alli. *A saúde dos médicos no Brasil*. Brasília: Conselho Federal de Medicina, 2007.

BOFF, Leonardo. *Saber cuidar: ética do humano – compaixão pela Terra*. Petrópolis, RJ: Vozes, 1999.

CARLSON, Richard; SHIELD, Benjamim. *Curar, curar-se*. 10.ª ed. São Paulo: Cultrix, 1997.

DENIS, Léon. *O problema do ser, do destino e da dor*. 27. ed. Rio de Janeiro: FEB, 2003.

ESPÍRITO SANTO NETO, Francisco do; HAMMED [Espírito]. *As dores da alma*. Catanduva, SP: Boa Nova.

FIGUEIREDO, Paulo Henrique de. *Mesmer, a ciência negada e os textos escondidos*. Bragança Paulista, SP: Lachâtre, 2005.

FRANCO, Divaldo Pereira; JOANNA DE ÂNGELIS [Espírito]. *Desperte e seja feliz*. 4. ed. Salvador: Leal, 1998.

_____. *Autodescobrimento: uma busca interior*. 8. ed. Salvador: Leal, 2001.

FRANCO, Divaldo Pereira; MANOEL PHILOMENO DE MIRANDA [Espírito]. *Loucura e obsessão*. 9 ed. Rio de Janeiro: FEB, 2003.

FRANCO, Divaldo Pereira; PEREIRA, Nilson de Souza. *A serviço do espiritismo (Divaldo Franco na Europa)*. Salvador: Leal, 1981.

FREIRE, Antonio J. *Da alma humana*. Rio de Janeiro: FEB.

FREIRE, Gilson; BEZERRA DE MENEZES [Espírito]. "Rumo à ciência do espírito". www.freire.med.br, 2010.

GALLIAN, D.M.C. *A (re)humanização da medicina*. Centro de História e Ciências da Saúde da Unifesp, 2001.

GROOPAM, Jerome. *Como pensam os médicos*. Rio de Janeiro: Agir, 2008.

GUINÉ, Bernardo Dania. "Entrevista". *Spiritus*. Contagem, MG: Casa dos Espíritos, maio, 2002.

_____. *Ops! aprendendo a viver, com aids*. Belo Horizonte: Autêntica, 2000.

HEDLEY, G.P. "Religion, spirituality and health". MJA, 2003, 178(2).

KARDEC, Allan. *Catálogo racional para se fundar uma biblioteca espírita.* São Paulo: Madras, 2004.

_____ . *O céu e o inferno.* Rio de Janeiro: FEB.

_____ . *O Evangelho segundo o espiritismo.* Rio de Janeiro: FEB.

_____ . *A gênese.* Rio de Janeiro: FEB.

_____ . *O livro dos Espíritos.* Rio de Janeiro: FEB.

_____ . *O livro dos médiuns.* 23. ed. Rio de Janeiro: FEB.

_____ . *Obras póstumas.* Rio de Janeiro: FEB.

_____ . *O que é o espiritismo.* Rio de Janeiro: FEB.

_____ . *Revista Espírita,* 1864. Araras, SP: IDE.

_____ . *Revista Espírita,* 1865. Araras, SP: IDE.

_____ . *Revista Espírita,* 1868. Araras, SP: IDE.

KOENIG, Harold. *Espiritualidade no cuidado do paciente.* São Paulo: Fe, 2005.

_____ . "An 83-year-old woman with chronic illness and strong religious beliefs". JAMA, 2002, 288.

_____ . "Religion, spirituality and health: an american physician's response". MJA, 2003, 178(2).

_____ . "Religion, spirituality and medicine: application to clinical practice". JAMA, 2000, 284.

_____ . "Religion, spirituality and medicine: how are they related and what does it mean". Mayo Clin Proc, 2001, 76.

KOENIG, Harold; MCCULLOUGH, M.; LARSON, D.B. *Handbook of religion and health.* New York: Oxford University Press, 2001.

KUNE, G.A.; KUNE, S.; WATSON, L.F. "Perceived religiousness is protective for colorectal cancer: data from the Melbourne Colorectal Cancer Study". J R Soc Med, 1993, 86.

LELOUP, Jean Yves. *O romance de Maria Madalena.* Petropólis, RJ: Vozes.

LINN, Mathew; LINN, Sheila; LINN, Dennis. *Curando nossa imagem de Deus.* Campinas: Verus, 2002.

LIPTON, Bruce. *Biologia da crença*. São Paulo: Butterfly, 2007.

LUSKIN, Fred. *O poder do perdão*. São Paulo: Novo Paradigma, 2002.

MARÍAS, Julián. *História da filosofia*. São Paulo: Martins Fontes, 2004.

MARTINS, M.C.F.N. "Relação médico-paciente no microscópio". *Ser Médico*, CREMESP, 18, jan.–mar.

MELO, Jacob. *O passe*. Rio de Janeiro: FEB.

MICHAELUS. *Magnetismo espiritual*. 9. ed. Rio de Janeiro: FEB, 2005.

MUELLER, P.S.; PLEVAK, D.J.; RUMMANS, T.A. "Religious involvement, spirituality and medicine: implications for clinical practice". *Mayo Clin Proc*, 2001, 76.

NOBRE, Marlene Rossi Severino. *A alma da matéria*. 2. ed. São Paulo: Fe, 2005.

OLIVEIRA, Wanderley; BEZERRA DE MENEZES [Espírito]. *Atitude de amor*. Belo Horizonte: Dufaux, 2009.

OLIVEIRA, Wanderley; ERMANCE DUFAUX [Espírito]. *Escutando sentimentos*. Belo Horizonte: Dufaux, 2006.
_____ . *O prazer de viver*. Belo Horizonte: Dufaux, 2008.

PERES, Julio. *Trauma e superação*. São Paulo: Roca, 2010.

PINHEIRO, Robson; ÂNGELO INÁCIO [Espírito]. *Legião*. Contagem, MG: Casa dos Espíritos, 2008.
_____ . *Senhores da escuridão*. Contagem, MG: Casa dos Espíritos, 2009.

PINHEIRO, Robson; JOSEPH GLEBER [Espírito]. *Além da matéria*. Contagem, MG: Casa dos Espíritos, 2003.
_____ . *Medicina da alma*. Casa dos Espíritos, 1997.

PLATÃO. *A república*, v. 2. 2. ed. São Paulo: Divisão Europeia do Livro, 1973.

_____. *A república*, livro VII. 6. ed. São Paulo: Atena, 1956.

Preamble to the Constitution of the World Health Organization as adopted by the International Health Conference. New York, 19–22 junho, 1946.

PUCHALSKI, C.M.; LARSON, D.P.; LU, F.G. "Spirituality in psychiatry residency training programs". *Int Rev Psych*, 2001, 13.

RAEBURN, John; ROOTMAN, Irving. *People-centred health promotion*. West Sussex, Inglaterra: Wiley, 1998.

REED et alii. "Altruistic social interest behaviors are associated with better mental health". *Psychosomatic Medicine*, 2003, 65.

REMEN, Rachel. *As bênçãos de meu avô*. Rio de Janeiro: Sextante, 2001.

RIVAIL, Hippolyte Léon Denizard. *Plano proposto para a melhoria da educação pública*. Paris, 1828.

ROGERS, Carl. *Um jeito de ser*. São Paulo: Pedagógica e Universitária, 1973.

_____. *Tornar-se pessoa*. São Paulo: Martins Fontes, 1986.

SANTOS, Fernanda. *Tire essa mágoa do peito*. São Paulo: Gente, 1999.

SEGRE, M.; FERRAZ, F. C. "O conceito de saúde". *Rev. Saúde Pública*, out. 1997, vol. 31, n. 5.

SILVEIRA, Adelino. *Momentos com Chico Xavier*. Mirassol, SP: Grupo Mirassol.

SOUZA, Roberto Lúcio; ALBUQUERQUE, Alcione; DIVERSOS [Espíritos]. *O homem sadio, uma nova visão*. Belo Horizonte: Fonte Viva.

STEINHAUSER, K.E.; VOILS, C.I.; CLIPP, E.C.; BOSWORTH, H.B.; CHRISTAKIS, N.A.; TULSKY, J.A. "*Are you at peace?: one item to probe spiritual concerns at the end of life*". Arch Intern Med. 9 jan. 2006, 166(1).

WALSCH, Neale Donald. *Aprendendo a viver com quem se ama*. Rio de Janeiro: Sextante.

WOLKENSTEIN, A.S. "*Spirituality in residency education: taking the next step*". Fam Med 2000, 32.

XAVIER, Francisco Cândido; ANDRÉ LUIZ [Espírito]. *Ação e reação*. Rio de Janeiro: FEB.
_____. *Aulas da vida*. São Paulo: Ideal.
_____. *Libertação*. Rio de Janeiro: FEB.
_____. *Missionários da luz*. Rio de Janeiro: FEB.
_____. *Nos domínios da mediunidade*. Rio de Janeiro: FEB.
_____. *Nosso Lar*. Rio de Janeiro: FEB.
_____. *Passos da Vida*. Araras, SP: IDE.

XAVIER, Francisco Cândido; DIVERSOS [Espíritos]. *Instruções psicofônicas*. Rio de Janeiro: FEB.

XAVIER, Francisco Cândido; EMMANUEL [Espírito]. *O consolador*. 23. ed. Rio de Janeiro: FEB.
_____. *Emmanuel*. Rio de Janeiro: FEB.
_____. *Pão nosso*. Rio de Janeiro: FEB.
_____. *Pensamento e vida*. Rio de Janeiro: FEB.
_____. *Roteiro*. Rio de Janeiro: FEB.
_____. *Seara dos médiuns*. Rio de Janeiro: FEB.

XAVIER, Francisco Cândido; WALDO, Vieira; ANDRÉ LUIZ [Espírito]. *Evolução em dois mundos*. Rio de Janeiro: FEB.

© 2010–2023 *by* Ame Editora
órgão editorial da Associação Médico-Espírita de Minas Gerais

DIRETOR EDITORIAL
Andrei Moreira

CONSELHO EDITORIAL
Andrei Moreira,
Grazielle Serpa,
Roberto Lúcio Vieira de Souza

DIRETOR GERAL
Ricardo Pinfildi

DIRETOR EDITORIAL
Ary Dourado

CONSELHO EDITORIAL
Ary Dourado, Ricardo Pinfildi,
Rubens Silvestre

DIREITOS AUTORAIS
Associação Médico-Espírita de Minas Gerais
Rua Conselheiro Joaquim Caetano, 1162 – Nova Granada
30431-320 Belo Horizonte MG
31 3332 5293   www.amemg.com.br
[o autor cedeu integralmente os direitos autorais à AMEMG
para manutenção de suas atividades assistenciais]

DIREITOS DE EDIÇÃO
Editora InterVidas [Organizações Candeia Ltda.]
CNPJ 03 784 317/0001-54   IE 260 136 150 118
Rua Minas Gerais, 1520 Vila Rodrigues
15 801-280 Catanduva SP
17 3524 9801   www.intervidas.com

DADOS INTERNACIONAIS DE CATALOGAÇÃO NA PUBLICAÇÃO
[CIP BRASIL]

M838c

MOREIRA, Andrei [*1979]
Cura e autocura – uma visão médico-espírita
Andrei Moreira
Catanduva, SP: InterVidas, 2023

288 pp. ; 15,7 × 22,5 × 1,5 cm

Bibliografia

ISBN 978 85 60960 27 9

1. Espiritismo   2. Psicologia   3. Medicina
I. Moreira, Andrei   II. Título

CDD 133.9   CDU 133.9

ÍNDICE PARA CATÁLOGO SISTEMÁTICO
1. Espiritismo   133.9

EDIÇÕES
Ame: 1.ª edição
1.ª tiragem, Ago/2010, 1 mil exs. | 2.ª tiragem, Out/2010, 1 mil exs.
3.ª tiragem, Nov/2010, 2 mil exs. | 4.ª tiragem, Set/2011, 2 mil exs.
5.ª tiragem, Jun/2012, 2 mil exs. | 6.ª tiragem, Fev/2013, 2 mil exs.
7.ª tiragem, Out/2013, 5 mil exs. | 8.ª tiragem, Out/2015, 1 mil exs.
9.ª tiragem, Mar/2016, 1 mil exs. | 10.ª tiragem, Set/2016, 1 mil exs.
11.ª tiragem, Mar/2018, 1 mil exs. | 12.ª tiragem, Jul/2019, 2 mil exs.

InterVidas: 1.ª edição
1.ª tiragem, Nov/2022, 3 mil exs.
2.ª tiragem, Ago/2023, 1 mil exs.

Impresso no Brasil   *Printed in Brazil*   *Presita en Brazilo*

Colofão

TÍTULO
*Cura e autocura
uma visão médico-espírita*

AUTORIA
Andrei Moreira

EDIÇÃO
1ª edição

TIRAGEM
2ª

EDITORA
InterVidas [Catanduva SP]

ISBN
978 85 60960 27 9

PÁGINAS
288

TAMANHO MIOLO
15,5 × 22,5 cm

TAMANHO CAPA
15,7 × 22,5 × 1,5 cm [orelhas 9 cm]

CAPA ORIGINAL
Andrei Polessi

CAPA ADAPTADA
Ary Dourado

REVISÃO
Ary Dourado

PROJETO GRÁFICO & DIAGRAMAÇÃO
Ary Dourado

TIPOGRAFIA CAPA
HTF Gotham Book, Book Italic,
ExtraLight, Light, Light Italic e Thin

TIPOGRAFIA TEXTO PRINCIPAL
Adobe Arno Pro 11,5/15

TIPOGRAFIA CITAÇÃO
Adobe Arno Pro Caption 10/15

TIPOGRAFIA TÍTULO
HTF Gotham Book 24/24 e Medium 50/50

TIPOGRAFIA INTERTÍTULOS
HTF Gotham Medium [9; 10]/15

TIPOGRAFIA EPÍGRAFE
HTF Gotham Book 10/15 e Medium 10/15

TIPOGRAFIA NOTA DE RODAPÉ
Adobe Arno Pro 9,5/13

TIPOGRAFIA BIBLIOGRAFIA
Adobe Arno Pro 11,5/15

TIPOGRAFIA DADOS
HTF Gotham Book 8/12 e Medium 6/12

 ameeditora.com.br
 ameeditora
 ameeditora

 intervidas.com
 intervidas
 editoraintervidas

TIPOGRAFIA COLOFÃO
HTF Gotham Book 7/10 e Medium 6/10

TIPOGRAFIA TÍTULO CORRENTE
HTF Gotham Book 5/10

TIPOGRAFIA FÓLIO
HTF Gotham Medium 8/15

MANCHA
25p10 × 42p4, 34 linhas
[sem título corrente e fólio]

MARGENS
5p:4p5:5p10:6p5
[interna:superior:externa:inferior]

COMPOSIÇÃO
Adobe InDesign CC 18.0 x64 [Windows 10]

PAPEL MIOLO
ofsete Sylvamo Chambril Book 75 g/m^2

PAPEL CAPA
cartão Eagle Plus High Bulk GC1 250 g/m^2

CORES MIOLO
1 x 1 cor: Pantone 300 U

CORES CAPA
4 x 1 cores: CMYK x Pantone 300 U

TINTA MIOLO
Toyo

TINTA CAPA
Toyo UV

PRÉ-IMPRESSÃO
CTP em Platesetter Kodak
Trendsetter 800 III

PROVAS MIOLO
RICOH Pro C5100s

PROVAS CAPA
Canon IPF 6400

IMPRESSÃO
processo ofsete

IMPRESSÃO MIOLO
Heidelberg Speedmaster SM 102-8

IMPRESSÃO CAPA
Komori Lithrone S29

ACABAMENTO MIOLO
cadernos de 32 pp.,
costurados e colados

ACABAMENTO CAPA
brochura com orelhas, laminação BOPP
fosco, verniz UV brilho com reserva

PRÉ-IMPRESSOR E IMPRESSOR
Lis Gráfica e Editora [Guarulhos, SP]

TIRAGEM
1 mil exemplares

TIRAGEM ACUMULADA
25 mil exemplares

PRODUÇÃO
agosto de 2023

CONHEÇA MAIS SOBRE O AUTOR:

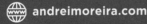
andreimoreira.com

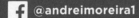
@andreimoreira1

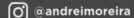
@andreimoreira

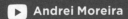
Andrei Moreira

Ótimos livros podem mudar o mundo. Livros impressos em papel certificado FSC® de fato o mudam.